Mechtild Lohmann

Bien mirado

Ein Spanischkurs für Fortgeschrittene
Lehrerhandbuch · Guía didáctica

Max Hueber Verlag

| 3. | 2. | 1. | | | Die letzten Ziffern |
| 2003 | 02 | 01 | 00 | 1999 | bezeichnen Zahl und Jahr des Druckes. |

Alle Drucke dieser Auflage können, da unverändert,
nebeneinander benutzt werden.
1. Auflage
© 1999 Max Hueber Verlag, D-85373 Ismaning
Übertragung ins Spanische: Luis Sala, Astrid Rust
Redaktion: Raquel Muñoz
Umschlaggestaltung: Detlef Seidensticker, München
Zeichnungen: Leyla Beşer-Bartel, Mülheim/Ruhr
Druck und Bindung: Ludwig Auer GmbH, Donauwörth
Printed in Germany
ISBN 3-19-014144-4

Índice

Introducción

BIEN MIRADO es un curso de español de nivel intermedio, concebido para la enseñanza de adultos en "Volkshochschulen", escuelas de idiomas, empresas u otras instituciones que ofrecen español a este tipo de alumnado. También puede ser utilizado en la formación de jóvenes y adolescentes en escuelas e institutos.

BIEN MIRADO es la continuación de MIRADA (el curso de español para principiantes) y, como éste, está orientado hacia la consecución de los objetivos del nuevo diseño curricular del Certificado de Español (Europäisches Sprachenzertifikat; antes VHS-Zertifikat). Presta especial atención al desarrollo y práctica de las cuatro destrezas en el dominio de una lengua (escuchar, hablar, leer y escribir) y partiendo de los conocimientos alcanzados con MIRADA u otro manual, se llega con este curso al nivel del Certificado de Español.

BIEN MIRADO integra el libro del alumno y el libro de ejercicios (con tareas para el trabajo individual en clase o en casa) en un solo tomo. Acompañan al manual dos casetes o dos discos compactos con las grabaciones de todos los diálogos y de los textos auditivos. Para uso y apoyo del profesor existe esta guía didáctica.

BIEN MIRADO ofrece material didáctico para cuatro semestres de clase aproximadamente (teniendo en cuenta una frecuencia de 90 minutos semanales y 15 semanas por semestre) o 120 horas de clase de 45 minutos. Gracias a su compacta progresión es también idóneo para cursos intensivos.

BIEN MIRADO contiene 14 lecciones cuyos temas contemplan situaciones de la vida cotidiana en contacto con hispanohablantes y relaciones interpersonales en la vida privada o profesional. A las lecciones les sigue un anexo de ejercicios con propuestas adicionales para la práctica de las estructuras, de los recursos y del vocabulario aparecidos en cada lección. A continuación del mismo se encuentra un compendio sistematizado de la gramática y un glosario español-alemán, ambos ordenados por lecciones, así como una lista de vocabulario en la que se indica en qué parte del libro aparecen por primera vez las palabras y expresiones.

Para evitar formulaciones complicadas, hemos decidido utilizar en esta guía las formas *alumno(s)* y *profesor* en sentido colectivo. Naturalmente, también incluimos en esta denominación a las alumnas y profesoras.

Bien mirado – Las lecciones

Estructuración de las lecciones

El orden de aparición de los puntos en las lecciones es cronológico. Puede usted trabajarlos en el orden en el que se encuentran en el libro: los recursos se presentan, después se practican para tomar conciencia de ellos y finalmente son utilizados en una producción en mayor o menor medida libre. Las destrezas receptivas (escuchar y leer) se ejercitan por medio de textos auditivos y de lectura seleccionados para tal fin. Al comienzo de los diferentes puntos de la lección encontrará usted titulares que aparecen repetidamente a lo largo de la misma (*Para empezar, Para practicar, ¿Y tú?*, etc.). Estos titulares tienen como objeto mostrar al profesor y a los alumnos en qué fase del proceso de aprendizaje se encuentran en cada momento. A continuación se explica de un modo general la función de cada una de estas fases. En las propuestas de trabajo de cada ejercicio de esta guía didáctica encontrará usted una descripción detallada de cómo pueden ser trabajados éstos en clase.

Para empezar

Todas las lecciones comienzan con un ejercicio en el que se presenta el tema de la lección. Los dibujos, las fotografías o realia (artículos auténticos de revistas y periódicos) les ayudan a repasar vocabulario y estructuras ya conocidas y añaden nuevas palabras y expresiones útiles para cada tema. Van a su vez acompañados de una tarea que facilita el que los alumnos tomen conciencia de ellos de una manera activa. De esta forma se despierta su interés, a la vez que descubren ellos mismos normas de utilización de los nuevos contenidos y reciben una ayuda para retenerlos. Las ilustraciones y las tareas para este primer paso son múltiples y variadas; sin embargo, el principio descrito es siempre el mismo.

Diálogos

Los diálogos tienen diferentes objetivos: Presentan – a modo de ejemplo – una muestra de la situación comunicativa. Todos los diálogos están también registrados en la casete o en el disco compacto (a partir de ahora los abreviaremos de esta forma: la C/el CD); es decir, sirven de modelo auditivo en el que se presentan la pronunciación y la entonación. También pueden ser utilizados para entrenar la comprensión auditiva.

Además, presentan nuevos recursos de habla así como las estructuras y el vocabulario correspondientes, a la vez que sirven de modelo para la propia producción de los alumnos.

A la mayor parte de los diálogos les sigue una tarea, bien para facilitar la comprensión del texto, bien para sensibilizar de forma inductiva a los alumnos acerca de las nuevas estructuras o bien para una primera práctica de las mismas.

Para practicar

Los recursos de lengua se practican en pequeños pasos mediante una variada tipología de ejercicios. Ejercicios para completar y asociar, de vacíos de información (*information gap*), juegos y tareas con apoyo de imágenes o dibujos ayudan a los alumnos a "experimentar" de una forma enriquecedora con el nuevo material. Muchos ejercicios se realizan en parejas o en grupos, fomentando así una aproximación comunicativa al material de aprendizaje.

¿Y tú?

Dado que los alumnos y su necesidad de expresarse están en el centro de la enseñanza de una lengua extranjera, se les anima constantemente a utilizar los recursos aprendidos hablando de sí mismos y añadiendo informaciones personales. En esta fase de la producción linguística hablan de sí mismos con otras personas del curso, de sus experiencias, intercambian opiniones, expresan su postura sobre ciertos temas, o bien practican mediante actividades lúdicas determinadas situaciones comunicativas.

Para escuchar

En cada lección hay un ejercicio de comprensión auditiva grabado en la C/el CD, cuyo texto no aparece en el libro del alumno (las transcripciones se encuentran en esta guía didáctica tras los ejercicios correspondientes de cada lección y están representadas con el símbolo que se encuentra al margen de estas líneas). En estos ejercicios, hablantes nativos de diversas regiones de España y Latinoamérica nos presentan conversaciones en situaciones de la vida privada, pública y profesional. Gracias a estos textos auditivos (conversaciones, conversaciones telefónicas, entrevistas en la calle y en la radio, una canción, etc.), los alumnos se acostumbran a la lengua hablada y a utilizar las estrategias necesarias para la comprensión. En cada texto auditivo hay ejercicios específicos para practicar las diferentes estrategias auditivas. Por eso se trabajan los textos con diferente intensidad. Y así, junto a la audición detallada, los alumnos practican la audición global y, al igual que en la mayoría de las situaciones reales, la audición de tipo selectivo para extraer determinadas informaciones. Los alumnos aprenden por las tareas a diferenciar entre lo que es información principal y los detalles insignificantes. Por eso, para resolver con éxito la tarea no es necesario entender cada palabra, sino sólo las informaciones que se necesitan.
Además de las tareas (de elección mutiple, verdadero o falso, completar cuadros o frases, etc.), en esta guía puede encontrar usted más indicaciones para la utilización didáctica de estos ejercicios.

Para leer

Por medio de diferentes tipos de textos, en su mayor parte auténticos, como artículos de periódico y revista, anuncios, cartas, cómics y fragmentos de novelas y cuentos de diferentes autores españoles y latinoamericanos, se ejercita la comprensión lectora.
Al igual que en nuestra propia lengua, leemos más o menos intensamente según el tipo de texto. Por ejemplo, cuando leemos un periódico hacemos un determinado tipo de lectura: al principio recorremos la página, leemos los titulares y leemos un artículo por encima, es decir, pasamos rápidamente los ojos sobre el texto para conocer la idea principal. Actuamos igual cuando buscamos una información. Por el contrario, una receta de cocina tenemos que leerla muy

detalladamente para que nos salga bien la comida. En la mayoría de las situaciones reales hacemos una lectura selectiva, es decir, no nos interesa cada palabra que leemos, sino las partes del texto que contienen lo que buscamos. Aunque el texto tenga palabras desconocidas, comprenderemos el significado general gracias al contexto o a determinadas palabras clave.

Con tareas específicas sobre los textos, los alumnos aprenden a utilizar las estrategias de lectura: aprenden a comprender textos globalmente, a buscar determinadas informaciones por medio de una lectura selectiva, o a comprender los textos detalladamente, palabra por palabra.

La función de los recuadros
En las lecciones encontrará dos tipos de recuadros: Los de fondo amarillo, situados en los márgenes de la página, proporcionan un resumen de las nuevas estructuras gramaticales. Gracias a la presentación visual, a traducciones o a breves explicaciones, los alumnos que quieren "ver esquemas" a la hora de ser introducida una nueva estructura encuentran una ayuda rápida sin necesidad de recurrir al anexo gramatical al final del libro. También pueden ser utilizados para la explicación y concienciación de estructuras gramaticales o simplemente como consulta rápida a la hora de la práctica y de la producción. Los recuadros de fondo blanco y ligeramente inclinados contienen vocabulario complementario con el fin de ofrecer al alumno más posibilidades de expresión a la hora de realizar el ejercicio. Por ello es necesario asegurarse de que los alumnos han leído y entendido su contenido antes de empezar el ejercicio.

Y además
La última o las dos últimas páginas de la lección presentan aspectos del español usado en el ámbito del trabajo y de los negocios: cartas de pedidos, de reclamación, invitaciones formales, conversaciones telefónicas en empresas, anuncios de puestos de trabajo, currículum vitae, etc. Además se tratan las diferencias entre España y Latinoamérica en este campo, como por ejemplo la forma de contestar al teléfono. Esta parte de la lección es facultativa: si sus alumnos no están interesados, puede usted dejarla ya que no se introducen nuevas estructuras y el vocabulario allí usado no se da por sabido en las lecciones siguientes.

Bien mirado – El anexo de ejercicios (Arbeitsbuchteil)

Al final de las 14 lecciones empieza el anexo de ejercicios, que contiene 4 ó 5 páginas de ejercicios adicionales para cada lección.

Consejos prácticos para el alumno (Lerntipps)
El anexo de ejercicios comienza con dos páginas de consejos prácticos para el alumno. Aquí encuentran los alumnos ideas y recomendaciones para estudiar la lengua a este nivel: ideas para repasar y retener vocabulario e informaciones sobre las diferentes estrategias para leer y escuchar. Le aconsejamos que lea y comente estas dos páginas con los alumnos en una de las primeras clases.

Los ejercicios del anexo

Mediante estos ejercicios se sistematizan y fijan las estructuras, los recursos y el vocabulario aprendidos en la lección. Al contrario de los ejercicios predominantemente interactivos de las lecciones, en el anexo hay ejercicios pensados principalmente para el trabajo individual. Se realizan por excrito y las respuestas pueden ser controladas por los propios alumnos con ayuda de la clave que se encuentra en la página 221. Por esta razón sirven tanto para el trabajo en casa como para la fase de sistematización y fijación en clase.

En la guía didáctica le sugerimos en qué momento de la clase puede proponer los ejercicios del anexo, pero no son propuestas rígidas. Naturalmente, usted puede sugerir a los alumnos la realización de los ejercicios en el momento que estime conveniente. El hecho de que aparezcan en un determinado lugar en la guía didáctica sólo significa que a esas alturas de la lección ya conocen los recursos y estructuras necesarios para efectuarlos.

Diario de clase

Al final de cada lección del anexo, se les propone a los alumnos que resuman los recursos de lengua más importantes para ellos. De esta forma repasan lo aprendido en la última lección, determinando ellos mismos qué es los más importante para ellos, al mismo tiempo que obtienen una sensación de éxito al comprobar sus progresos en el aprendizaje. Si los alumnos – tal y como lo proponemos en el *Diario de clase* de la primera lección – escriben siempre el resumen en un cuaderno aparte, experimentarán "visualmente" su avance y notarán cómo va creciendo paulatinamente su capacidad de expresión.

El *Diario de clase* sólo será comentado o corregido en clase si lo desean los alumnos. Ya que se trata de un resumen individual, sus apuntes no son comparables o intercambiables. Tampoco se trata de que sean exhaustivos. Así como los diarios son íntimos y confidenciales, el *Diario de clase* debe permanecer un cuaderno de curso personal. A modo de ayuda, en cada *Diario de clase* se proponen algunos aspectos que podrían inspirar el contenido de sus anotaciones. Explíqueles que éstas pueden ser modificadas o ampliadas individualmente.

Bien mirado – La guía didáctica

Esta guía didáctica pone a su disposición una serie de propuestas didácticas para la clase de español con BIEN MIRADO. Cada punto de las lecciones es ampliamente comentado. Para facilitar la comprensión de las intenciones didácticas se indican al comienzo de cada punto los objetivos del ejercicio. Además encontrará usted informaciones socioculturales sobre las fotos y los realia que aparecen en el libro del alumno, así como todas las transcripciones de los textos auditivos de los ejercicios *Para escuchar* y las soluciones de las tareas.

Para facilitar al profesor la adecuación de la enseñanza a las necesidades de su grupo, con frecuencia aparecen otras propuestas de trabajo de dos tipos diferentes: 1) Propuestas adicionales: Son ejercicios complementarios que pueden realizarse tras la tarea propuesta en el libro del alumno. 2) Otras propuestas: Son ejercicios alternativos a las tareas propuestas en el libro del alumno. Muchas de estas propuestas son juegos o actividades inteactivas de tipo lúdico con las que podrá profundizar en la materia de una forma amena y motivadora. Para la mayoría de estas actividades no es necesaria mucha preparación. Al final de este libro encontrará usted material fotocopiable para una parte de estos ejercicios. Las explicaciones didácticas de los mismos están en las lecciones respectivas.

Algunas consideraciones metodológicas

El punto básico de la filosofía de BIEN MIRADO es el convencimiento de que los alumnos están en el centro de atención de la clase. Es fundamental involucrarlos activamente en el proceso de aprendizaje con el fin de desarrollar su autonomía. Esto se produce en parte gracias a las múltiples actividades en las que los alumnos "actúan", es decir: en algunos ejercicios escogen ellos mismos los contenidos, comunican y discuten con compañeros sobre el funcionamiento de la lengua, deducen ellos mismos reglas, etc.; por otra parte, en el manual se les anima a que reflexionen sobre sus hábitos de aprendizaje y a desarrollar y utilizar estrategias que les conduzcan a solucionar con éxito determinadas situaciones comunicativas (incorporando sus propios conocimientos del mundo y de su primera lengua). La clara estructuración de las lecciones en BIEN MIRADO y las diferentes secciones de consulta (explicaciones gramaticales, glosario y clave de los ejercicios) apoyan también un aprendizaje autónomo. Al profesor le queda la tarea de organizar la clase de tal manera que esta meta pueda ser alcanzada por los alumnos.

En BIEN MIRADO se introduce y practica la lengua como instrumento de comunicación, es decir: los alumnos aprenden a expresar en la lengua extranjera informaciones, pensamientos, experiencias, opiniones y deseos, así como a intercambiarlos con otros. Los recursos de lengua que necesitan para ello les son introducidos en las lecciones asociados siempre a un tema. Una orientación temática facilita la comprensión del vocabulario, de la gramática y de las estrategias discursivas. Mediante la consecuente incorporación a la clase de su experiencia vital y de su conocimiento del mundo (en especial en las fases prácticas ¿Y tú?) los alumnos experimentan continuamente que lo que están aprendiendo es importante y útil en una situación de comunicación real.

Interculturalidad

Una parte esencial de la comunicación es el conocimiento de las circunstancias socioculturales del ámbito en el que se habla la lengua que se está aprendiendo, así como la capacidad de contrastar la propia realidad con la del interlocutor. En BIEN MIRADO se ofrecen tanto de forma implícita como explícita informaciones sobre aspectos geográficos y socioculturales característicos de España y Latinoamérica. Muchos textos y ejercicios tiene como tema las diferencias socioculturales y con ellos se invita a reflexionar sobre las propias experiencias. No podemos ni queremos dar una "Landeskunde" completa para todos los países hispanohablantes, nuestra meta es sensibilizar a los alumnos sobre las diferentes costumbres existentes para prevenir malentendidos y prejuicios y para despertar la disposición a entender y aceptar lo ajeno. En esta guía están representados con el símbolo reproducido al margen de estas líneas más información sobre fotografías, autores, lugares y costumbres aparecidos en el libro. En algunos lugares también se indican las dificultades específicas que podrían tener los alumnos germanohablantes.

Recursos comunicativos y vocabulario

Los recursos presentados en BIEN MIRADO posibilitan una comunicación en múltiples situaciones de la vida cotidiana (y, con los de *Y además*, de la vida profesional). El vocabulario introducido es una propuesta que puede ser adaptada en muchos temas (p.ej.: comida, aficiones, fiestas, experiencias durante las vacaciones, etc.) a las necesidades de expresión de los alumnos. Por tanto, es perfectamente válido respetar la autonomía del alumno dejando que aprenda y complete (con su ayuda o la de un diccionario) el vocabulario que le falte, pero también animarle a sustituir palabras que no conoce por su descripción. En caso de que sus alumnos quieran utilizar diccionarios, es conveniente ejercitar primero en clase su uso.

Gramática

La progresión gramatical está orientada a los temas y objetivos comunicativos. La gramática es introducida de manera inductiva, es decir, partiendo de la muestra de lengua, y se practica mediante situaciones de comunicación. Para tener en cuenta las variadas maneras de aprender de los alumnos, se ha sistematizado de tres formas diferentes: 1) Dentro de las lecciones, por medio de "señales gramaticales" en sus correspondientes recuadros. 2) En el anexo de ejercicios, mediante ejercicios y representaciones sistematizadas de las regularidades en esquemas o paradigmas (p. ej.: de las conjugaciones verbales) que pueden ser elaborados o complementados por el propio alumno, formulando él mismo las reglas. 3) Finalmente, también es sistematizada en el anexo gramatical, en el que aparecen explicadas las nuevas estructuras de cada lección.

Tipología de ejercicios

En BIEN MIRADO se presentan continuamente tipos de ejercicios que son comunicación o la simulan, y otros que tienen forma de juego interactivo. Esto supone para la organización de la clase que los alumnos trabajan frecuentemente en parejas o en pequeños grupos. Así obtienen la oportunidad de hablar muchas veces y con alumnos diferentes. Gracias a la frecuente utilización y práctica de la lengua ganan en seguridad y confianza en sí mismos. Ya que es normal que los alumnos hagan errores en su primera utilización de los nuevos recursos, es contraproducente corregirlos inmediatamente en las fases de producción libre (*¿Y tú?*), ya que esto podría coartar su interés por expresarse. Coméntelos al final del ejercicio y sólo en el caso de que el alumno demuestre que los recursos y estructuras ejercitados no han sido entendidos en absoluto.

Propuestas prácticas para la organización de la clase y técnicas de enseñanza en el aula

Cómo formar parejas y grupos
En muchos ejercicios se trabaja en pareja o en grupos. Para que esta forma de trabajo sea realmente productiva y para asegurarse de que no se formen siempre los mismos grupos, es conveniente cambiar a menudo las parejas o los componentes del grupo. Existen muchas posibilidades de agrupar a los alumnos. He aquí algunas de ellas:

- Los alumnos se colocan en una fila. El orden lo pueden determinar diversos criterios, por ejemplo el orden alfabético de sus nombres, el mes y el día de nacimiento, el nombre de pila del padre, etc. Si los grupos han de constar de tres personas, se forma con los tres primeros alumnos de la fila un grupo, luego con los tres segundos, etc.

- Se corta una imagen *(una foto o publicidad de periódico, de folletos, de prospectos, etc.)* en tantos trozos como alumnos se quiera tener en un grupo. Las personas que tengan los trozos de una imagen forman un grupo. Se necesita por tanto tantas imágenes como grupos se quieran formar.

- Si quiere usted formar por ejemplo grupos de 4 personas y en su curso hay 16 alumnos, numérelos en voz alta en grupos del 1 al 4. Todos aquellos alumnos con el mismo número forman un grupo.

- Escriba en un papelito o tarjeta un verbo irregular en infinitivo y en otro papelito una forma conjugada de ese verbo. Cada alumno recibe un papelito y tiene que buscar "su" pareja. En lugar de verbos también puede escribir principios de frases y sus finales, o preguntas y sus respuestas correspondientes - esta forma de hacer parejas orientada a la lengua ofrece innumerables posibilidades, que también pueden hacerse orientadas al tema de la lección.

Esquemas y cuadros en la pizarra
Muchos de los temas de BIEN MIRADO han sido tratados ya en MIRADA (u otros libros para principiantes) pero de una forma más sencilla, por ejemplo las vacaciones, la comida, las fiestas, etc. Por eso los alumnos conocen ya una gran cantidad de vocabulario y recursos, que sin embargo habrá que reactivar en la mayoría de los casos. Para activar los conocimientos y para despertar el interés del alumno por la profundización en los temas, se recomienda antes de una nueva lección (o antes de un determinado ejercicio) hacer conscientes los conocimientos mediante un mapa asociativo (mind map). Para ello se escribe en el centro de la pizarra el concepto general. Después invite a los alumnos a hacer todas las asociaciones en relación con el tema o el concepto general (vocabulario, recursos), y se escriben (usted o uno de los alumnos) alrededor del centro, expresando mediante líneas la relación que cada palabra o frase tiene con el

concepto general. También se pueden crear subcategorías que agrupen a su vez otras palabras.

La ventaja de este método es que los alumnos se dan cuenta de que conocen muchas cosas sobre un tema y así ven que no todo lo que van a estudiar es nuevo. Esto motiva para continuar. Y además, mediante el trabajo en grupo aprenden de los demás.

Esta forma de unir palabras o conceptos mediante asociaciones es preferible a hacer listas: con un mapa asociativo experimentamos visualmente cómo están relacionadas las palabras entre sí, lo que nos ayudará a evocar asociaciones entre las palabras que nos vienen inmediatamente a la memoria y otras que quizá estén más escondidas en nuestro subconsciente.

Si el mapa está escrito en un gran papel, puede usarlo al final de una lección otra vez: los alumnos lo podrán completar con lo "nuevo" que han aprendido en la lección.

El siguiente ejemplo es un mapa asociativo que podría ser el resultado de una "lluvia de ideas" en la lección 3, punto 4:

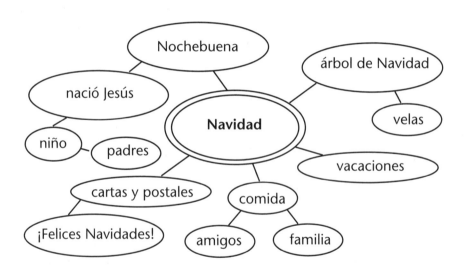

Técnicas para la fijación de la gramática y el vocabulario

- Ejercicios en cadena: Cada alumno repite una frase, pero no se habla por turnos sino que cada alumno decide cuándo intervenir: Anime a alguien a empezar. Sin tener en cuenta el orden en el que están sentados, un segundo dice la siguiente frase, después un tercero, etc. Así se mantiene la atención de los alumnos, la cual decrece muy rápidamente cuando tienen que contestar en hilera. Además, a los más inseguros se les da la oportunidad de escuchar primero varias veces los ejemplos de sus compañeros antes de formular ellos mismos una frase.

- La utilización de una pelota: Los alumnos se colocan en círculo y se arrojan una pelota (o bien un papel arrugado en forma de bola, un paquete de pañuelos de papel, un ovillo de lana, etc.) diciendo al mismo tiempo la frase o recurso a practicar. La persona que recoge la pelota la arroja a otra persona diciendo también la frase o alguna variación de la misma, etc. De esta forma se efectúa también un ejercicio en cadena, con la ventaja de que nunca se sabe quién es el siguiente y de que son los propios alumnos los que eligen a su interlocutor, y no el profesor. El ejercicio dirige la atención del alumno hacia el movimiento, reduciendo así el miedo a hablar.

- "Hacer la maleta": Un alumno comienza una frase con un determinado elemento. El siguiente repite la frase y añade otro elemento más (otra frase, un verbo, un sustantivo ...). El tercero hace lo mismo añadiendo a la frase otro elemento, etc. Los alumnos intervienen por orden. Ejemplo (para practicar formas del verbo en subjuntivo): Alumno A: *Está bien que los hijos vivan con sus padres.* Alumno B: *Está bien que los hijos vivan con sus padres y estudien mucho.* Alumno C: *Está bien que los hijos vivan con sus padres, estudien mucho y no beban alcohol,* etc. Cuando todos los alumnos hayan dicho algo, quien haya empezado puede repetir el proceso empezando por el último elemento nombrado en la cadena. De esta manera se asegura que todos los alumnos estén atentos, hasta el final. Dependiendo del número de alumnos de la clase, se puede realizar el ejercicio en el pleno o en grupos. Aconsejamos un tamaño de 10 a 12 alumnos por grupo. Una gran ayuda para la realización del ejercicio es que cada alumno acompañe el elemento que añade con un gesto o un movimiento. El grupo forma un círculo y los componentes del grupo realizan también los movimientos acompañando al que habla. Con la ayuda de los gestos se puede reconstruir con más facilidad la frase, que naturalmente va creciendo cada vez más con las contribuciones de los alumnos.

- La utilización de dados: Los alumnos trabajan en grupos de 3 ó 4; cada grupo recibe un dado y tarjetas/papelitos con verbos. Para practicar las conjugaciones de los verbos cada número representa una persona (verbal/gramatical), o cada número representa un determinado tiempo verbal (por ejemplo: 1 = presente, 2 = perfecto, 3= indefinido, etc.). Por turno se tiran los dados y se coge cada vez una tarjeta, el jugador hace una frase con el verbo de la tarjeta en la persona o tiempo verbal indicado por el dado. Los dados pueden también determinar si una frase se formula en indicativo o subjuntivo, número par = indicativo, impar = subjuntivo.

El cambio de otro manual a Bien mirado

Si sus alumnos han hecho el curso de principiantes con otro manual diferente a MIRADA, pueden seguir con BIEN MIRADO sin problemas: los temas y las estructuras de los métodos de principiantes son muy parecidos ya que generalmente siguen la orientación dada por el Certificado de Español. Además, en las primeras lecciones de BIEN MIRADO se repiten algunos aspectos esenciales de la gramática tratada en un primer tomo para principiantes. De esta forma se garantiza que los alumnos puedan acostumbrarse a este nuevo método antes de que se empiecen a introducir los nuevos contenidos (gramaticales). Sin embargo, puede ser que los alumnos que hayan trabajado con el primer tomo de otro manual y no con MIRADA, no conozcan ni el condicional ni el imperativo negativo. Por eso recomendamos, si es así, que antes de la lección 5 de BIEN MIRADO, en la que se recoge el tema del imperativo, se introduzcan la formas que no conozcan (quizá con una copia de la lección 15 de MIRADA) y antes de la lección 12, que trata las oraciones condicionales, se repita la lección 11 (condicional) de MIRADA.

¿Cómo te va?

Tema: Conocer y reencontrar a otras personas en una fiesta.

Objetivos: Saludar; presentarse; preguntar y dar información personal; ofrecer algo para comer/beber; insistir; rechazar; pedir permiso; ofrecer y aceptar ayuda; agradecer.

Recursos: *¿Dónde queda?; Está en el/al norte de ...; Hace dos años que vivo en ...; vivo en ... desde / desde hace...; Ha empezado a ...; Acaba de ...; Ha dejado de ...; Ha vuelto a ...; Sigue haciendo ...; ¿Qué os sirvo?; ¿Cuál quieres?; ¿Te apetece ...?*

Gramática: El pronombre personal sujeto *vos* y la persona verbal correspondiente; expresiones de tiempo y de lugar; *qué/cuál; llevar/traer*; perífrasis verbales; diminutivos: *-ito/-ita, -cito/-cita.*

Y además: Presentaciones formales.

1 Para empezar

Objetivos: Conocer a los (nuevos) compañeros; repasar fórmulas para preguntar información personal.

Propuesta de trabajo: Los alumnos caminan por la clase, se saludan y se preguntan por el nombre. Cuando todos hayan hablado entre sí, dicen de nuevo al grupo su nombre, su lugar de residencia, profesión, y el motivo por el que estudian español.

Otra propuesta: En parejas, los alumnos se preguntan según el modelo. Después cada uno presenta a su compañero al grupo.

Si el grupo ya se conoce, puede dejar esta actividad o que los alumnos escenifiquen la situación con identidades ficticias.

2 ¿Querés bailar?

Objetivos: Saludarse de un modo informal en una fiesta; preguntar y dar información personal.

Gramática: El pronombre sujeto *vos* y la persona verbal correspondiente; el uso de *ustedes* + la 3ª persona del plural como forma de tratamiento habitual en Latinoamérica, en lugar de *vosotros/-as* + 2ª persona del plural.

Propuesta de trabajo: Hay varias posibilidades de presentar diálogos en la clase. A continuación vamos a mostrar dos de ellas para trabajar los diálogos de una forma lo más variada posible.

1) Sin preparación previa y con los libros cerrados déjeles escuchar a los alumnos la grabación de la casete (C) o del disco compacto (CD). A continuación, les pre-

gunta por lo que han entendido, p.ej. la situación, dónde tiene lugar, de qué se trata, etc. (es importante reforzar en los alumnos la sensación de éxito cuando nombran palabras sueltas; **en ningún caso** deberá preguntarles qué es lo que **no han entendido.** De esta forma se fomenta en los alumnos la confianza y la disposición a escuchar).

2) Explique la situación del diálogo sin entrar en demasiados detalles: tres personas se encuentran en una fiesta en Berlín y se preguntan por su nombre y su procedencia. Después proponga a los alumnos que especulen, en español, sobre lo que podría decir un grupo de personas en una situación así. De esta forma se les anima a que aporten al proceso de aprendizaje su propio conocimiento del mundo, es decir, su propia experiencia les hará prever lo que se dice en determinadas situaciones. Además, de este modo, repiten frases y palabras ya conocidas, relacionadas con la situación. Después escuchan la C/el CD con los libros cerrados.

A continuación abren los libros y leen la tarea de la página 9, pero sólo la tarea, sin leer todavía el diálogo. Para ello se les puede pedir que tapen el diálogo con un papel. Escuchan el texto una segunda vez. Una vez escuchado completan la tabla con la información que falta y comparan con un compañero. Para comprobar sus respuestas, escuchan una tercera vez el diálogo. Finalmente escuchan una vez más, leyendo simultáneamente el texto a media voz.

Por último se podría hacer una lectura dramatizada (en grupos de tres, dando a cada alumno un papel en el diálogo).

Vos/Ustedes: Aquí se presentan las formas vos/ustedes con el único objetivo de transmitir información sobre una variante del castellano. No pretendemos que los alumnos las practiquen y activen, sino que puedan reconocer este uso, si alguna vez escuchan y ven las formas.

Neuquén: 1) En el diálogo: ciudad de Argentina, capital de la provincia del mismo nombre, situada a orillas del río Negro en el oeste del sector central del país. 2) También: río en esa provincia argentina que nace en los Andes y, al unirse al río Limay, forma el río Negro.

Buenos Aires: La capital de Argentina y de la provincia de Argentina del mismo nombre.

Lima: La capital de Perú y del departamento de Perú del mismo nombre.

San Rafael: En el diálogo, ciudad de Venezuela, al norte de Maracaibo.

Maracaibo: Ciudad de Venezuela situada en el noroeste del país, a orillas del lago Maracaibo que está unido al mar Caribe a través del golfo de Venezuela. Es un importante núcleo comercial y centro de la industria petrolífera.

Solución:

Roberto	*Argentina*	*Neuquén*	*desde julio*
Gabriela	*Perú*	*Lima*	*hace ocho años*
Laura	*Venezuela*	*San Rafael*	*desde hace dos meses*

Anexo de ejercicios: números 1, 2 y 3

3 ¿Y tú?

Objetivos: Preguntar y decir desde cuándo se hace algo o desde cuándo algo es así.
Gramática: *desde, desde hace, hace ... que.*
Propuesta de trabajo: Los alumnos completan la tabla con información personal. Es mejor si lo hacen en una hoja de papel aparte. Después cambian la lista con un compañero y se preguntan entre ellos desde cuándo hacen esas cosas.

4 ¿Quién es quién?

Objetivos: Describir acciones.
Gramática: Perífrasis verbales.
Propuesta de trabajo: Los alumnos miran el dibujo, leen las frases e identifican a las personas diciendo dónde se encuentra cada una.
Otra propuesta: Los alumnos miran el dibujo y describen lo que hacen las personas. Así se hace un repaso de *estar + gerundio*. Después leen las frases e identifican a las personas.
Anexo de ejercicios: números 4 y 5

5 ¿Y tú?

Propuesta de trabajo: Los alumnos se preguntan. Si fuera necesario, se explica previamente cómo se hacen las preguntas. La forma más real de hacer este ejercicio es que los alumnos caminen por la clase preguntándose individualmente. Anotan la información obtenida y después cuentan al grupo el resultado de su encuesta. De este modo, se practican las perífrasis verbales en la 2ª y 3ª persona del singular.

6 Para escuchar

Propuesta de trabajo: Deje a los alumnos leer la tabla y explique, si es necesario, el vocabulario. Pídales que adelanten posibles preguntas/frases (para repasar frases ya conocidas y para perder el miedo a escuchar). A continuación hágales escuchar todos los diálogos sin pausa y después parando tras cada diálogo. Los alumnos marcan en la lista las soluciones y finalmente las comparan entre ellos. No confirme inmediatamente la solución correcta y aproveche las posibles divergencias en sus respuestas como motivo para una nueva audición. En este ejercicio se trata de practicar la audición selectiva: los alumnos no tienen que comprender o reproducir cada palabra del diálogo.

Transcripción: Los diálogos son los del ejercicio 7.

Solución: *se ofrece ayuda = 3; se ofrece algo para comer = 2, 4; se ofrece algo para beber = 2; se pide permiso = 5; se da un regalo = 1*

7 En la fiesta de Alicia

Objetivos: Ofrecer algo para comer/beber; insistir; rechazar; pedir permiso; ofrecer y aceptar ayuda; regalar/agradecer.
Gramática: *cuál/cuáles; llevar/traer.*
Propuesta de trabajo: Los alumnos escuchan los diálogos de nuevo, ya que son los diálogos del ejercicio 6, los leen y, en parejas, buscan las expresiones para las diferentes intenciones comunicativas. Deje que los alumnos comprueben las soluciones entre ellos.

Dirija la atención de los alumnos hacia el diálogo 4, y explíqueles que en Latinoamérica y España, en muchas ocasiones es de buena educación no aceptar las cosas que se ofrecen inmediatamente. Por eso la persona que ofrece algo debe insistir siempre en su ofrecimiento. No obstante, esta norma de conducta depende siempre de la relación entre las personas. Explique también que el verbo *coger* en Latinoamérica tiene una connotación vulgar.

Anexo de ejercicios: número 6

8 Para practicar

Propuesta de trabajo: Los alumnos se ofrecen las cosas que aparecen en el dibujo según se propone en la instrucción del ejercicio.
Propuesta adicional: Pida a los alumnos que escriban en un papel o tarjeta lo que van a ofrecer en una fiesta a sus invitados (según el ejemplo: en cada tarjeta dos cosas). Recoja los papeles y repártalos de nuevo procurando que no reciban su propio papel. Finalmente, pídales que se ofrezcan entre ellos las cosas escritas en el papel.
Anexo de ejercicios: número 7

9 Para practicar

Propuesta de trabajo: En parejas, los alumnos practican los diálogos del libro. Después, anímelos a que hagan los diálogos sin el libro. Para ello, déjeles un poco de tiempo de preparación. Finalmente, los alumnos practicarán los diálogos una vez más, cambiando de compañero y también de rol.
Propuesta adicional: Fotocopie y amplíe el tablero de juego y las tarjetas recortables de las páginas 94, 95 (necesita un juego de tarjetas y un tablero por cada 3 ó 4 jugadores). Cada grupo obtiene un tablero, un juego de tarjetas, un dado y una ficha (o trocitos de papel, o monedas) por componente. Las tarjetas se colocan boca abajo junto al tablero. Los alumnos arrojan el dado por turnos avanzando por el recorrido. Si caen en una de las casillas con el sol, toman una tarjeta del mazo e intentan resolver la tarea indicada en ella. Si el jugador no puede resolverla, vuelve a la casilla en la que estaba anteriormente. ¿Quién controla una frase correcta? En principio los compañeros de juego y, si aun así hubiera dudas, pueden preguntar al profesor. Si el jugador resuelve la tarea, se

queda sobre la nueva casilla. Gana el que primero llegue a la meta.
Anexo de ejercicios: números 8, 9 y 10

Y además

1 Me gustaría presentarle al Sr. Castillo

Objetivos: Presentaciones formales.
Propuesta de trabajo: Pida a los alumnos que tapen los diálogos. A continuación los escuchan y los hacen corresponder con las fotos. Si es necesario,
ponga de nuevo la C/el CD, pare después de cada diálogo y pregunte a qué foto
corresponde. Después los estudiantes se reparten los papeles y leen los diálogos.
Solución: *1a; 2c; 3b*

2 ¿Y tú?

Objetivos: Repasar el vocabulario relacionado con profesiones y cargos en una
empresa.
Propuesta de trabajo: Escriba en la pizarra las diferentes profesiones y/o cargos
que los alumnos le digan formando un mapa asociativo o Mind-Map (ver
pág. 12).
Otras propuestas: 1) Primero escribe cada alumno en un papel las diferentes
profesiones o cargos que conoce. A continuación compara su lista con la lista de
otro compañero y ambos completan sus listas. Después comparan juntos su
nueva lista con la lista de otros dos alumnos, que previamente han hecho lo
mismo que los anteriores, y así sucesivamente hasta formar todos una única
lista. 2) En grupos de tres o cuatro, cada alumno nombra una profesión o cargo
que conoce. El objetivo es que de forma sucesiva cada participante nombre una
profesión, de tal forma que se forme una cadena lo más larga posible. Al final
gana el grupo que haya conseguido acumular más profesiones y/o cargos.

1

¿Qué tal las vacaciones?

Tema: Viajes y vacaciones.

Objetivos: Contar experiencias de viajes; describir una ruta; escribir una carta de reclamación; expresar sorpresa y decepción.

Recursos: *¿Qué tal las vacaciones?; ¿Dónde has estado?; Estuve en ...; ir hasta / hacia / de ... a; pasar por; parar en; no había ninguna habitación; ¡No me digas! / ¿De verdad?*, etc.; *¡Vaya! / ¡Qué pena! / ¡Qué lástima!*, etc.

Gramática: Repaso del uso del perfecto, indefinido e imperfecto; preposiciones de lugar y dirección.

Y además: Reservar una habitación para un viaje de negocios.

1 Para empezar

Objetivos: Vocabulario sobre actividades en las vacaciones.

Propuesta de trabajo: En este ejercicio los alumnos tienen que encontrar el titular que corresponde a cada artículo. Explique a los alumnos que no se pretende que entiendan todo el texto palabra por palabra, sino que reconozcan la palabra o las palabras clave que les ayude a efectuar la asociación. Los alumnos leen en silencio los titulares y los artículos y los intentan relacionar. Después comparan sus respuestas con las de otros compañeros. Si los resultados no coinciden, no les dé inmediatamente la solución. Pídales que expliquen por qué han llegado a esa conclusión. De esta forma se les hace reflexionar sobre la estrategia de lectura que han utilizado y podrá corregirla.

Solución: *1 d; 2 a; 3 e; 4 c; 5 b; 6 f*

Los titulares y los artículos se han extraído de la revista "Quo", revista española que trata temas de carácter general.

Anexo de ejercicios: número 1

2 ¿Y tú?

Propuesta de trabajo: En este ejercicio se retoma el vocabulario del ejercicio 1 y se practica. La forma más real de hacer este ejercicio es que los alumnos caminen por la clase preguntándose individualmente.

3 ¿Lo habéis pasado bien?

Objetivos: Descripción de un viaje; reaccionar ante una narración.

Gramática: Repaso del uso del perfecto y del indefinido.

Propuesta de trabajo: Para introducir y preparar el diálogo, pregunte a los alumnos qué vinos españoles conocen. A continuación explique brevemente que, en el diálogo, Olga cuenta a una amiga suya el viaje que ha hecho por diferentes zonas españolas productoras de vino. Después los alumnos escuchan el diálogo (sin leerlo), si es necesario varias veces, y marcan la ruta del viaje en el mapa. Para comprobar la solución lo escuchan de nuevo leyendo al mismo tiempo. Por último los alumnos, en parejas, se reparten los papeles y leen los diálogos.

Propuesta adicional: Si la actividad despierta interés, se podría finalizar del siguiente modo: 1) Con la ayuda de un mapa de España y la información siguiente, podrían hablar de los lugares visitados en el ejercicio. 2) Si alguien del grupo ha visitado alguno de los pueblos o la región, deje que cuente algo sobre ellos. 3) Pida a los alumnos interesados que traigan información (prospectos, fotos o una guía de viaje) a la siguiente clase, y se la presenten al grupo.

La zona de Rueda: Zona vitivinícola en la provincia de Valladolid y que recibe su nombre del río que por ella pasa.

Medina del Campo: Ciudad española en la provincia de Valladolid. Es el centro comercial de ganadería ovina de la zona. De origen prerromano fue una importante localidad medieval donde se celebraba una gran feria. Posee un castillo del siglo XV, donde murió Isabel la Católica en 1504.

La Rioja: 1) En el diálogo: Comunidad autónoma en el norte de España y famosa región vitivinícola. 2) También provincia y ciudad de Argentina.

Valladolid: Ciudad española, capital de la provincia del mismo nombre, situada en la Comunidad Autónoma de Castilla y León.

Burgos: Ciudad española, capital de la provincia del mismo nombre en Castilla y León. En la ciudad vieja se encuentra una catedral gótica (iniciada en 1221), las iglesias góticas de San Esteban, San Gil, San Lesmes y San Nicolás (de los siglos XIV y XV).

Haro: Localidad de La Rioja, famosa por ser el centro de los vinos de Rioja.

San Millán de la Cogolla: Localidad de La Rioja, famosa por sus dos monasterios San Millán de Yuso y San Millán de Suso, lugares en los que se encontraron los primeros textos en castellano.

Bilbao: Ciudad española, capital de la provincia de Vizcaya, en la comunidad autónoma del País Vasco.

El museo Guggenheim: Museo de arte moderno, filial española del museo de Nueva York inaugurado en octubre de 1997 y diseñado por el arquitecto Frank Ghery.

4 ¿Y tú?

Propuesta de trabajo: Los alumnos hablan entre ellos en grupos de 4 ó 5 sobre las preguntas que se formulan en el ejercicio.

Fotos: Una bodega en la Rioja y paisaje de viñedo en la zona de Rueda.

5 Para practicar

Gramática: El uso del perfecto y del indefinido con marcadores temporales.
Propuesta de trabajo: Los alumnos completan las frases y después las comparan con las de otra persona. Si lo cree necesario, puede volver a explicar antes el uso del perfecto y del indefinido.
Anexo de ejercicios: números 2 y 3

6 Para leer

Propuesta de trabajo: Para preparar la lectura pregunte a los alumnos qué saben sobre el Camino de Santiago y si eventualmente alguien en el grupo lo ha hecho. Si es así, permita que cuente su experiencia aunque sea en alemán. Explique el significado de *pastor* (¡Ojo! Se trata de un falso amigo: *Pastor* en alemán es un "sacerdote"), *sepulcro* y *peregrino*. Con la ayuda de este vocabulario es posible que los alumnos realicen una comprensión global del texto. Los alumnos leen el texto y les deja que lo resuman en alemán.

El apóstol Santiago (= der Apostel Jakobus): Santiago el Mayor, uno de los doce apóstoles de Jesucristo. La tradición le considera evangelizador de España y señala que sus restos mortales fueron trasladados a Compostela para recibir sepultura.
Compostela: Antiguo nombre de Santiago de Compostela.
Puerto de Somport: Puerto de montaña en los Pirineos centrales, en la frontera entre Aragón y Francia.
Roncesvalles: Desfiladero español en el oeste de los Pirineos, en la frontera entre Navarra y Francia.
Pamplona: Ciudad española, capital de la provincia y de la comunidad foral de Navarra. Conocida por los sanfermines, festejos que se celebran durante una semana a partir del 7 de julio, festividad de San Fermín.
León: 1) En el texto: Ciudad española y capital de la provincia del mismo nombre, que pertenece a la comunidad autónoma de Castilla y León. 2) También ciudad en México y departamento y ciudad en Nicaragua.
Astorga: Ciudad española en la provincia de León.
Ponferrada: Ciudad española en la provincia de León.
Santiago de Compostela: Ciudad de España en la provincia de La Coruña. Capital de la comunidad autónoma de Galicia. Es un importante centro comercial, turístico y universitario.
Foto: Catedral (s. XI-XII) y Plaza del Obradoiro en Santiago de Compostela.

7 Para practicar

Objetivos: Describir una ruta.
Gramática: Preposiciones de lugar y dirección.
Propuesta de trabajo: Los alumnos leen la instrucción. Asegúrese de que todos entienden las preposiciones. Si es necesario, deje que cada alumno haga una frase como ejemplo. Después, en parejas, cuentan la ruta.

Santo Domingo de la Calzada: Ciudad española en la comunidad autónoma de La Rioja.
Parador de turismo: Hotel, generalmente de lujo, que depende de organismos oficiales. La mayoría de los paradores son antiguos edificios declarados monumentos histórico-artísticos, y por tanto protegidos.
Frómista: Ciudad española en la comunidad autónoma de Castilla y León.

Anexo de ejercicios: número 4

8 ¿Y tú?

Propuesta de trabajo: Los alumnos describen las experiencias vividas en algún viaje. Déjeles algo de tiempo para prepararse y anotar el camino recorrido. Después cuentan sus rutas.
Otras propuestas: 1) Los alumnos, en parejas, hacen una ruta que después cuentan al grupo. 2) Traiga catálogos de agencias de viajes en los que haya descripciones de diferentes rutas turísticas. Con la ayuda de éstos los alumnos podrán describir viajes como si los hubieran hecho.

9 Para leer

Gramática: Repaso del uso del imperfecto para descripciones y del indefinido para las acciones en el pasado.
Propuesta de trabajo: Los alumnos leen la carta y dicen después de qué se queja Roberto *(se queja de la mala organización del viaje; de que no le esperaba nadie en aeropuerto; de que en el hotel no había ninguna habitación reservada; de que la playa era solo una pequeña cala con piedras; y el menú era poco variado)*. Procure que los alumnos cuenten lo que le sucedió a Roberto según la propuesta que figura arriba y sin usar el estilo indirecto ya que hasta ahora lo desconocen. Después leen la carta otra vez y buscan las frases que cuentan lo que pasó (indefinido) y las frases que describen la situación (imperfecto). Haga en la pizarra un cuadro como el que sigue:

2

<table>
<tr><td>

¿Qué pasó?
Cuando llegué al aeropuerto
tuve que coger un taxi para ir al hotel
que pagué yo
no hubo problemas para obtener una
etc.

</td><td>

¿Cómo era?
nadie me esperaba
donde no había ninguna habitación reservada

como era temporada baja

</td></tr>
</table>

 Madeira: Isla portuguesa situada en el oceano Atlántico, al noroeste de Marruecos. En su capital Funchal se elabora el célebre vino del mismo nombre.

10 Para practicar

Propuesta de trabajo: En parejas, los alumnos escriben una carta de queja según el modelo de la carta de Roberto. Podría aprovechar esta oportunidad para hablar sobre la forma, las fórmulas, la puntuación, etc. que se utilizan en las cartas españolas. Para explotar de una forma comunicativa este ejercicio, los alumnos, en parejas, intercambian sus cartas y las leen en silencio o si es posible, ponga en las paredes del aula las diferentes cartas y haga que los estudiantes se levanten y lean las cartas de las otras parejas.

Propuesta adicional: Una actividad que puede resultar muy entretenida y divertida es que una pareja escriba en un papel el principio de una carta, por ejemplo: *Cuando llegué al aeropuerto,* y entregue el papel a otra pareja para que escriba el final de la frase. A continuación doblan el papel para que no se pueda leer la frase y comienzan otra frase. Le entregan el papel a otra pareja para que de nuevo escriba el final de la frase y el inicio de otra, y así sucesivamente hasta que pase el papel por todas las parejas de la clase. Para que todos en el grupo trabajen a un mismo tiempo, haga que cada pareja comience una carta diferente y la vaya pasando. Al final cada pareja lee al grupo la carta que comenzaron.

Anexo de ejercicios: números 5 y 6

11 Para escuchar

 Propuesta de trabajo: Explique la situación del diálogo: Roberto cuenta a un amigo lo que le ocurrió en Madeira. Como los alumnos ya conocen los hechos por la carta, dirija su atención hacia las expresiones que los dos hablantes utilizan para expresar sorpresa y compartir la decepción. Después de leer la tarea y aclarar las expresiones desconocidas, hágales escuchar la C/el CD varias veces. Los alumnos marcan las respuestas y las comparan entre sí. No confirme inmediatamente la solución correcta y aproveche las posibles divergencias en sus respuestas como motivo para una nueva audición.

Transcripción:
- ¡Fatal, todo fatal!
- ▲ ¡Pero cómo! ¿No te gustó Madeira?
- Madeira, sí, muy bonito, pero fuera de eso ... no vuelvo a hacer un viaje organizado.
- ▲ ¡Anda! ¿Tan mal estuvo?
- Sí, desde la llegada. Mira, llegué al aeropuerto y no había nadie esperándome, tuve que tomar un taxi. Después en el hotel, no había ninguna habitación reservada para mí.
- ▲ ¡No me digas! ¿Y tuviste que irte a otro hotel?
- Por suerte, no. Como era temporada baja, tenían habitaciones libres.
- ▲ Pero bueno, me imagino que una vez que estuviste en la playa se te olvidó todo.
- ¿Playa? La playa sólo existía en los folletos de la agencia de viajes.
  Allá no había más que una pequeña cala, con piedras en lugar de arena, así que los paseos largos que yo tenía planeados, nada, no se podía. Y tú sabes que era un viaje de salud.
- ▲ ¡Qué mala suerte! ¿Y las comidas? Al menos eso sí estuvo bien, ¿no?
- Tampoco, si te digo que todo salió mal. Según la agencia, el restaurante del hotel ofrecía un menú muy variado. Pero al tercer día, yo ya estaba harto de comer siempre lo mismo, así que me fui a otro restaurante.
- ▲ Pues vaya, ¡qué desastre! ¿Y no piensas quejarte a la agencia de viajes?
- ¡Por supuesto! Ya he escrito una carta esta mañana ...

Solución: ¿Pero cómo ...? / ¡Anda! / ¡No me digas! / ¡Qué mala suerte! / ¡Vaya! / ¡Qué desastre!

2

12 Para practicar

Propuesta de trabajo: Para preparar este ejercicio los alumnos practican primero las interjecciones y la entonación exclamativa. Anímeles a que exageren la entonación. Después los alumnos estarán listos para hacer el ejercicio en parejas cambiando varias veces de compañero y rol.
Otra propuesta: Después de la preparación descrita anteriormente, los alumnos caminan por la clase y expresan una queja a otra persona, que tendrá que reaccionar adecuadamente. Después será esta persona la que hará una queja y la otra reaccionará, y así sucesivamente cambiando de persona. De esta forma tienen la posibilidad de practicar las expresiones más veces.
Anexo de ejercicios: número 7

13 ¿Y tú?

Propuesta de trabajo: Este ejercicio puede hacerse en pequeños grupos de tres o cuatro personas o con toda la clase.
Anexo de ejercicios: número 8

Y además

1 Reserva de una habitación

Propuesta de trabajo: Los alumnos leen el fax y después comentan las fórmulas y expresiones que se utilizan en una carta para responder a una petición *(con referencia a ..., confirmamos ..., lamentablemente, etc.)*.

2 Para practicar

Propuesta de trabajo: Los alumnos escriben el fax en el que se hace la reserva. Si fuera necesario, haga previamente un recuento de las palabras clave que figuran en el fax-respuesta, y que posibilitan al alumno reconstruir el texto.

2

Fiestas y costumbres

Tema: Fiestas y costumbres en España y Latinoamérica.

Objetivos: Hablar de fiestas; hablar de recuerdos de fiestas; expresar una opinión; desear algo a otras personas.

Recursos: *Cuando era niño celebraba...; A mí me parece bien/mal que ...; Está bien/mal que ...; A mí (no) me gusta que ...; ¡Que te diviertas!*

Gramática: Repaso del uso del imperfecto (2); el presente de subjuntivo regular y el presente de subjuntivo de los verbos irregulares *tener, hacer, decir, ir*; el uso del subjuntivo con expresiones valorativas de opinión y de gusto; el uso del subjuntivo con (buenos) deseos.

Y además: Comparación intercultural en el mundo de los negocios.

1 Para empezar

Objetivos: Información sociocultural sobre las fiestas en España y Latinoamérica.

Propuesta de trabajo: Los alumnos leen los artículos y los asocian con las fotos. Pídales que hagan la asociación solamente por la información que entiendan y sin consultar el diccionario. En cada artículo hay "palabras clave", que se pueden fácilmente entender, y que describen motivos de las fotos, por ejemplo: *carnavales, Día de Muertos, procesiones, Cristo negro, cristianos, tropas*, etc. Si hiciera falta, deje a los alumnos que primero busquen y traduzcan las palabras clave. Por último, los alumnos comparan sus soluciones. En el caso de que haya diferentes respuestas, no les dé inmediatamente la solución correcta sino pídales que expliquen su decisión.

Si antes no lo ha hecho, puede ser una buena ocasión para hablar sobre este tipo de estrategia de lectura, la comprensión a través de palabras clave.

Solución: *México 2; Puerto Rico 1; Perú 3; España 4*

Ponce: Ciudad en Puerto Rico en el sur del país.

Cusco: Ciudad peruana, capital del departamento del mismo nombre, situada a 3.500 metros de altitud. Es el punto de partida para el "Camino inca a Machupicchu". Machupicchu es una antigua ciudad inca fortificada. En la actualidad constituye un conjunto arqueológico muy bien conservado y de gran atractivo científico y turístico.

La Reconquista: Periodo de la historia de España entre la invasión musulmana (711) y la toma de Granada por los Reyes Católicos (1492).

Alcoy: Ciudad española en la provincia de Alicante (Comunidad Valenciana).

Las fiestas mencionadas aquí también existen en casi todos los países hispanohablantes. En España son famosos los carnavales de las Islas Canarias y Cádiz, la Semana Santa de Sevilla, y las fiestas de Moros y Cristianos que también se celebran en otros pueblos y ciudades del levante español (por ej. en Mallorca).

2 ¿Y tú?

Propuesta de trabajo: Haga el ejercicio según las instrucciones del libro.

3 Para leer

Gramática: Repaso del uso del imperfecto para hablar de rutinas y costumbres en el pasado.
Propuesta de trabajo: Los alumnos leen el texto y con un/a compañero/-a buscan las respuestas de las preguntas en el texto.

 Día de Reyes: Fiesta religiosa que se celebra el día 6 de enero en los países hispanohablantes y que conmemora la llegada de los Reyes Magos a Belén. En este día los niños reciben regalos.
Rosca de reyes: Es un pan de levadura con fruta cristalizada y el "mono" que lleva dentro es un muñequito de plástico que supuestamente representa al niño Jesús.
Fiesta de la Candelaria: Fiesta religiosa que se celebra el 2 de febrero y que conmemora la purificación de la Virgen María y la presentación del niño Jesús en el templo. Como símbolo de la purificación se encienden velas en las casas, y es por eso que se llama la fiesta de la luz. Durante este día la persona que encontró el mono organiza una fiesta.

Anexo de ejercicios: número 1

Cómic: Deje leer el cómic como un simple pasatiempo con el que disfrutar y sin tarea. Si es necesario, explique/traduzca la frase *"todo lo que tengan"* (en ningún caso dé una explicación gramatical del subjuntivo y si hay preguntas, remita a los siguientes pasos que se van a dar en la clase) y el verbo *tachar*.

 Joaquín Salvador Lavado, más conocido por Quino (Mendoza 1932). Dibujante argentino. Sus dibujos se publican en muchos periódicos y revistas de todo el mundo. Su principal creación es la serie de *Mafalda*, iniciada en 1962, en la que retrata con ironía y ternura la clase media argentina a través de unos personajes infantiles.

4 ¿Y tú?

Propuesta de trabajo: Antes de empezar la conversación, deje que hagan una lista/un mapa asociativo (ver pág. 12) con el vocabulario típico de las fiestas antes mencionadas, por ejemplo: *árbol de Navidad, velas, regalos, Nochebuena*, etc. /

disfrazarse, disfraz, caretas, etc. / *huevos, Osterhase o conejo de Pascua* (en este momento se podría comentar en clase que esta tradición no existe en España y por tanto, tampoco existe una traducción adecuada), etc. Para ello, aníméles a recordar el mayor número de palabras posibles y si hace falta, ayúdeles con traducciones.

En grupos de tres o cuatro los alumnos hablan de sus recuerdos.

Otra propuesta: Cada grupo se concentra en una fiesta y prepara una pequeña presentación. Al final cada grupo presenta su trabajo al resto de la clase.

5 Las posadas de hoy ya no son como las de antes

Objetivos: Hablar sobre los cambios en las costumbres y tradiciones; expresar opiniones; desear algo a alguien.

Gramática: Las formas del subjuntivo presente de los verbos regulares; el uso del subjuntivo después de expresiones valorativas de opinión y de gusto; el subjuntivo con (buenos) deseos.

Propuesta de trabajo: Lea el título y pregunte si alguien sabe qué son "las posadas". A continuación, esta persona o usted (si nadie las conoce) cuenta brevemente, que se llaman así en México a los 9 días anteriores a la Navidad. Explique también a los alumnos que en el diálogo tres personas hablan sobre esta fiesta y dan su opinión sobre el hecho de que las fiestas tradicionales estén cambiando. Luego, hágales escuchar el diálogo con los libros cerrados y pregúnteles lo que han entendido. Puede dejar que contesten en alemán, ya que no se trata todavía de utilizar las formas nuevas. A continuación, los alumnos lo vuelven a escuchar con los libros abiertos leyendo en silencio. Explique las nuevas palabras pero sin sistematizar todavía la conjugación del presente de subjuntivo. Después, los alumnos leen el diálogo con papeles repartidos. Por último, haga que se centren en la gramática. Déjeles buscar las frases con los verbos en subjuntivo y que completen las frases del ejercicio. De este modo los alumnos descubrirán por sí mismos las formas y el uso del subjuntivo.

3

Las posadas: Fiesta de origen religioso que se celebra del 16 al 24 de diciembre. Las posadas son escenificaciones de la búsqueda de María y José de un lugar donde pasar la noche (la palabra posada, que ya prácticamente no se usa, hacía referencia a un alojamiento muy sencillo, lo que hoy llamamos pensión). Cuando José y María finalmente encuentran posada, se rompe la piñata (figura con papel de china que se cuelga y donde se esconden en su interior dulces y frutas que caen cuando los invitados las rompen con los palos).

Anexo de ejercicios: números 2, 3 y 4

6 Para practicar

Gramática: Las formas y el uso del subjuntivo después de expresiones valorativas de opinión y de gusto.
Propuesta de trabajo: En primer lugar, los alumnos leen las afirmaciones. Después explique las nuevas palabras que aparecen. Y por último, en parejas, los alumnos expresan su opinión sobre las frases.
Anexo de ejercicios: números 5, 6, 7 y 8

7 ¿Y tú?

Propuesta de trabajo: En este ejercicio los alumnos tienen la posibilidad de usar el tema y la nueva gramática con sus experiencias personales y opiniones. Trabajan en parejas.

8 Para practicar

Gramática: El uso del subjuntivo con (buenos) deseos.
Propuesta de trabajo: Los alumnos relacionan los deseos y las situaciones individualmente. Después comparan sus soluciones con las de un/a compañero/-a.
Propuestas adicionales: 1) En grupos de tres o cuatro: uno/a elige una situación y dice por ejemplo: *Esta noche voy a una fiesta.* Los demás dicen entonces el deseo adecuado. 2) Los alumnos caminan por la clase y dicen a la primera persona que encuentren la situación. Ésta reacciona con el deseo adecuado y viceversa. Después siguen caminando y van hablando con otras personas. De esta forma todos tendrán muchas posibilidades de usar los deseos varias veces.
Anexo de ejercicios: número 9

9 ¿Y tú?

Propuesta de trabajo: Los alumnos se desean algo para cuando se despidan al final de la clase. Anímeles a encontrar más deseos.
Otra propuesta: Si al grupo le gusta hacer concursos, divida a la clase en dos equipos (cada equipo no debe exceder de los 6 ó 7 participantes; si el número de alumnos en el grupo es muy grande, divida la clase en más equipos). Un portavoz de cada grupo escribe los deseos que le dictan sus compañeros/-as durante el tiempo que usted haya previamente marcado, p. ej. 5 minutos (el tiempo no debe ser muy largo porque entonces el juego se hace aburrido). Al final, los deseos se leen en el pleno de la clase y se cuentan para determinar cuál de los equipos es el vencedor. La limitación del tiempo es recomendable porque le da suspense al ejercicio y favorece el que los alumnos escuchen con más atención las propuestas de los demás, aumentando así el rendimiento en el aprendizaje.

10 Para escuchar

Propuesta de trabajo: Los alumnos leen la tarea. Este ejercicio es una audición selectiva, es decir, no es necesario que entiendan cada palabra del diálogo sino que extraigan la información de la tarea. Deje que escuchen más de una vez el diálogo y marquen la opción correcta. No confirme inmediatamente la solución, aproveche posibles divergencias en las respuestas como motivo para una nueva audición.

Transcripción:

● *¿Bueno?*
▲ *Hola, Juan, ¿qué tal? Habla Peter.*
● *Hola Peter, ¿qué tal?*
▲ *Bien, gracias. Juan, te hablo para hacerte una pregunta.*
● *Sí, dime ...*
▲ *Hace unas semanas conocí a una chica muy simpática en la biblioteca, y ayer me invitó a comer a su casa el próximo domingo.*
● *¡Qué bien! ¡No pierdes el tiempo!*
▲ *Pero el problema es que ella vive con sus padres y a mí me parece muy raro que me invite a comer con sus padres, si sólo nos conocemos desde hace unas semanas.*
● *No, Peter, ¿sabes? ... aquí es muy normal llevar amigos a comer a la casa, es como ... una muestra de hospitalidad, además, no creas que es una situación muy formal.*
▲ *¡Qué bien! ¡Menos mal!, porque yo no sé cómo comportarme en esta situación. ¿Crees que debo llevar algún regalo?*

3

● *Mmm, pues sí, si quieres puedes llevar algunos dulces o un ramo de flores para la señora, eso siempre es un buen detalle, pero algo sencillo, ¿eh?, una comida de domingo es una situación muy familiar e informal.*
▲ *Otra cosa, ¿tengo que llegar puntual? Sandra me dijo que la comida es a las dos.*
● *No, muy puntual no tienes que ser, sobre todo porque es domingo, puedes llegar a las dos y cuarto, pero no más tarde de las dos y media. ¡Ah!, y cuenta con que no termines antes de las cinco, cinco y media ... entre los aperitivos, las botanas, la comida, el café y la sobremesa ... Además, a esas comidas de los domingos es muy normal que vaya toda la familia, incluyendo primos, tíos, abuelos y demás.*
▲ *Oye, Juan, ¡me pones nervioso!*
● *No, Peter, no te preocupes, si te digo que es algo muy informal. ¡Ah!, por cierto, recuerda que aquí también es normal que los papás de ella y las demás personas mayores te hablen de tú, pero tú les tienes que hablar de usted.*
▲ *Sí, lo sé. Pues bien, Juan, gracias por tu ayuda, espero sobrevivir.*
● *De nada, hombre, y tú tranquilo, que todo va a salir bien. Oye, y me tienes que llamar el lunes para contarme cómo te fue.*
▲ *Sí, por supuesto. Bueno, Juan, ¡adiós!, hasta el lunes.*
● *¡Adiós!, Peter, ¡que te diviertas!*

Solución: 1. *en una biblioteca*; 2. *sus padres*; 3. *flores*; 4. *entre las 2.00 y las 2.30*; 5. *después de las 5.00*

Las botanas: Es la tapa, aperitivo en México.
La sobremesa: Espacio de tiempo que sigue inmediatamente a la comida, en el que se suele permanecer aún en la mesa conversando, tomando café.

11 Para leer

Propuesta de trabajo: Los alumnos leen la tarea y después el texto. Las tres primeras preguntas de la tarea sirven de ayuda para entender las frases esenciales del texto, así como su comprensión global. Recuerde a los alumnos que no se trata de traducir el texto literalmente. Antes de pasar a la pregunta siguiente, se pueden explicar, si lo considera necesario, algunas palabras del texto. En estos niveles avanzados suele haber mucha diferencia entre lo que los alumnos individualmente recuerdan y conocen. Por eso, antes de explicar las palabras usted mismo, aproveche los conocimientos de los alumnos y deje que ellos mismos las expliquen. Después los alumnos hacen suposiciones sobre lo que le pasó la semana siguiente a Ogla y por último, leen la segunda parte y comparan sus suposiciones con los hechos.

12 ¿Y tú?

Propuesta de trabajo: Los alumnos contestan a las preguntas y comparan con las de un/a compañero/-a. El sentido de este ejercicio es sensibilizar a los alumnos de que existen diferencias, que hay que comprender, entre diferentes culturas y/o países. Si surge interés en la clase puede usted decir sus respuestas a las preguntas del ejercicio, en especial si es usted nativo/-a de un país de habla hispana.
Anexo de ejercicios: número 10

Y además

1 Negocios con buenas maneras

Objetivo: Comparación intercultural en el mundo de los negocios.
Propuesta de trabajo: Los alumnos leen la primera parte del ejercicio y clasifican las diferentes cosas según su importancia. Después leen los textos y solucionan los ejercicios según la tarea.

¿Qué tal la nueva casa?

Tema: Vivienda, barrio, ciudad.

Objetivos: Expresar opinión, necesidad y deseos. Pedir, exigir y expresar indiferencia.

Recursos: *Es necesario/importante/fundamental que ...; es una pena que ...; quiero/pido/exijo/deseo que ...; lo mejor es que ...; a mí me da igual que ...; lo peor es ...*

Gramática: El presente de subjuntivo de los verbos *ser*, *estar* y *haber*, de los verbos con cambio vocálico, *o>ue/e>ie/e>i*, y de los verbos terminados en -*ecer*, -*ocer*, -*ucir*; el uso del subjuntivo con expresiones de necesidad y de opinión, y con expresiones de deseo, petición y exigencia; el artículo neutro *lo*.

Y además: Vocabulario del mobiliario y máquinas de una oficina.

1 Para empezar

Objetivos: Introducir vocabulario y frases sobre diferentes tipos de vivienda.
Propuesta de trabajo: Los alumnos leen las frases y las relacionan con las fotos individualmente. Conscientemente se han elegido fotos que no son fáciles de diferenciar. De este modo, los alumnos deberán leer muy bien las frases y fijarse en las palabras y expresiones nuevas.
Solución: *1 c; 2 a; 3 d; 4 f; 5 b; 6 e*

4

2 ¿Y tú?

Propuesta de trabajo: En parejas los alumnos hablan sobre su vivienda y de la forma y lugar en que han elegido vivir. Si le parece que la pregunta es demasiado personal, proponga que cada alumno escriba en un papel una de las muchas posibilidades que hay para vivir. Después recójalos todos y repártalos de nuevo. Los alumnos deberán hablar sobre la vivienda que les haya correspondido.
Anexo de ejercicios: número 1

3 Estoy buscando otro piso

Objetivos: Expresar necesidad y deseos; hablar de las características que tiene que reunir un nuevo piso.
Gramática: El presente de subjuntivo de *ser*, *haber* y *estar*; el uso del subjuntivo después de expresiones de necesidad y de opinión.
Propuesta de trabajo: Trabaje el diálogo según una de las propuestas de la lección 1, punto 2. Los alumnos, después de haber leído el diálogo adoptando los diferentes papeles, buscan las frases que contienen verbos en subjuntivo y re-

llenan la tarea que sigue al diálogo. El objetivo de esta tarea es que los alumnos tomen conciencia de las nuevas formas del subjuntivo y su uso.

4 Para practicar

Propuesta de trabajo: Los alumnos hablan en parejas sobre cómo debe ser la casa de las personas de los dibujos e inventan posibles razones.
Propuesta adicional: Si lo desea, puede usted complementar el ejercicio llevando a clase fotografías de diferentes personas de revistas y periódicos, o de famosos. Los alumnos, motivados por las fotos, piensan en las características de las casas que estas personas buscan.
Anexo de ejercicios: números 2 y 3

"Casa" para los germanohablantes significa edificio o casa para una sola familia (Haus, Eigenheim); mientras que para los hispanohablantes es el lugar donde uno vive (Heim, Zuhause) independientemente del tipo que sea: piso, apartamento, casa.

5 ¿Y tú?

Propuesta de trabajo: En primer lugar, los alumnos trabajan individualmente y después en parejas comparan sus respuestas.
Propuesta adicional: La estructura con el subjuntivo puede practicarse con el juego "hacer la maleta" (ver pág. 13). Por ejemplo, el alumno A dice: *Es necesario que el nuevo piso sea céntrico.* El alumno B añade: *Es necesario que el nuevo piso sea céntrico y tenga balcón.* El alumno C: *Es necesario que el nuevo piso sea céntrico, tenga balcón y esté en las afueras* ... y así sucesivamente. (En este ejercicio no importa si las características del piso o casa se contradicen).

6 Para leer

Objetivos: Repasar e introducir el vocabulario de muebles y partes de la casa.
Propuesta de trabajo: Antes de leer el texto divida la pizarra en tres partes y escriba:

partes de la casa	muebles	fuera de la casa

A continuación escriba usted o un alumno el vocabulario que conocen, en la lista correspondiente. Después, los alumnos leen el texto y completan las listas con el vocabulario.
Anexo de ejercicios: número 4

7 ¿Y tú?

Propuesta de trabajo: En parejas los alumnos hablan sobre cómo era la casa donde vivían de niños y de cómo es la casa donde viven en la actualidad.

Otra propuesta: En parejas, los alumnos preguntan a su compañero/-a y anotan las respuestas. Después cambian de pareja, y le cuentan lo que le ha explicado el/la primero/-a.

Propuesta adicional: Pida a los alumnos que expliquen su casa ideal: *¿Cómo es? ¿Cuántas y qué habitaciones tiene? ¿Qué muebles? ¿Qué tipo de casa?* (Atención: No se deben formular preguntas del tipo "¿Cómo sería la casa de tus sueños?" porque el condicional pide el imperfecto de subjuntivo: "Sería importante que tuviera un jardín").

8 Para escuchar

Objetivos: Pedir, exigir y expresar indiferencia.

Gramática: El uso del subjuntivo con verbos que expresan deseo, petición y exigencia.

Propuesta de trabajo: Los alumnos leen la tarea y preguntan las palabras que todavía no conocen. Escuchan en primer lugar toda la grabación, y después una segunda vez, pero haciendo una pausa tras cada persona. A continuación, los alumnos marcan las respuestas y después las comparan entre ellos. No dé inmediatamente la solución correcta; utilice posibles divergencias en sus contestaciones como estímulo para una nueva audición.

4

Transcripción:

Entrevistador:	*¡Buenos días! Por favor, ¿les importaría contestar unas preguntas? Es que estamos haciendo una encuesta para el programa de televisión "Usted es el que opina".*
1ª señora:	*¡Qué bien! Claro, pregunte.*
Entrevistador:	*Hm ... ¿Qué es para usted calidad de vida en un barrio?*
2ª señora:	*Para mí, lo más importante de un barrio es que tenga zonas verdes, parques, lugares para pasear al aire libre con tranquilidad, pienso que el medio ambiente es fundamental.*
Entrevistador:	*Y para usted, ¿qué es lo más importante?*
1er señor:	*A mí me da igual que tenga zonas verdes, yo, ante todo, quiero que el barrio sea ¡seguro!, que uno ... pueda andar en la calle a cualquier hora sin miedo, por ejemplo por la noche, después de salir del cine o de alguna fiesta.*
Entrevistador:	*¿Y para usted? ¿Qué debe tener un barrio?*
3ª señora:	*Pues para mí la buena vida consiste en comer bien y divertirse. Un barrio sin buenos restaurantes y bares a donde salir por las noches, no es nada.*
Entrevistador:	*Hm ... ¿Y para ustedes?*

2º señor:	*Para mí calidad de vida es poder hacer deporte, creo que eso es muy importante. Un barrio debe tener sitios para practicar deportes al aire libre como tenis o fútbol, y también gimnasios, por ejemplo.*
4ª señora:	*Pues, a mí me gusta mucho todo lo relacionado con la cultura, por eso quiero que en mi barrio haya museos, galerías, cines, teatros ... ¡En fin, una buena oferta cultural!*
Entrevistador:	*Y ustedes señoras, ¿qué le piden a su barrio?*
5ª señora:	*Yo pienso que lo principal es la gente. Para mí es fundamental que la gente sea simpática, que los vecinos se conozcan y tengan contacto entre sí. Los buenos vecinos son algo muy valioso.*
6ª señora:	*Bueno, pues para mí, lo principal es que esté bien comunicado. Eso de pasarte todo el día en el coche no es calidad de vida. Por eso es muy importante que pueda ir al trabajo o ... de compras sin tener que ir en coche.*
Entrevistador:	*Pues ... muchas gracias a todos.*
6ª señora:	*De nada, a usted. Adiós.*

Solución: *que el barrio tenga sitios para practicar deporte - que el barrio ofrezca actividades culturales - que la gente sea simpática - que haya zonas verdes - que esté bien comunicado - que haya vida nocturna - que el barrio sea seguro.*

Anexo de ejercicios: números 5 y 6

4

9 **¿Y tú?**

Propuesta de trabajo: Los alumnos hablan en parejas sobre lo que es calidad de vida en un barrio y tratan de llegar a un acuerdo sobre lo que es importante y lo que no es importante. Después explican sus conclusiones al resto de la clase.
Propuesta adicional: Para practicar las formas del subjuntivo, fotocopie y amplíe el tablero de la página 96 de esta guía (necesita un tablero para cada 3 ó 4 jugadores). Cada grupo obtiene un tablero, un dado, y una ficha por jugador (o un trocito de papel o una moneda). Los jugadores tiran el dado por turnos, ponen sus fichas en la casilla correspondiente y hacen una frase que exprese opinión, necesidad, deseo, etc., con el verbo dado, en subjuntivo. ¿Quién controla si la frase es correcta? En principio los compañeros de juego y, si aun así hubiera dudas, pueden preguntar al profesor. Si la frase es correcta, el jugador se queda, si no, tendrá que volver a la casilla de la que vino. Gana el que primero llegue a la meta.

10 **Para leer**

Propuesta de trabajo: Este texto y la tarea que lo acompaña es un ejemplo más para el desarrollo de estrategias de comprensión selectiva. Aquí se deben comparar algunas expresiones del texto con las afirmaciones que lo siguen y por tanto, no es necesario conocer cada palabra del texto. Los alumnos leen primero la carta y marcan a continuación las soluciones. Después comparan entre sí sus soluciones y, si aparecen respuestas divergentes, deje que las expliquen.

 "Terraza": En el texto, espacio de un bar, cafetería, restaurante, etc., con sillas y mesas al aire libre.

Anexo de ejercicios: número 7

11 Para practicar

Propuesta de trabajo: El objetivo de este ejercicio es practicar el uso de *lo + adjetivo + es que + indicativo* para describir una realidad. Después de hacer el ejercicio, deje que los alumnos reflexionen sobre la diferencia de uso entre *lo + adjetivo + es que + indicativo* y *lo + adjetivo + es que + subjuntivo* (ya ha sido tratada en las actividades 8 y 9).
Anexo de ejercicios: número 8

12 ¿Y tú?

Propuesta de trabajo: Haga el ejercicio siguiendo las instrucciones. Para explotar de una forma comunicativa este ejercicio, las parejas intercambian sus cartas y las leen, o si es posible, ponga en las paredes del aula las diferentes cartas y haga que los estudiantes se levanten y lean las cartas de las otras parejas.
Anexo de ejercicios: número 9

4

Y además

La oficina

1 Para practicar

Objetivos: Introducir vocabulario sobre mobiliario y máquinas de una oficina.
Propuesta de trabajo: Antes de mirar las imágenes y solucionar la tarea, pregunte a los alumnos por el vocabulario que conocen y haga una lista en la pizarra. Después los alumnos comparan las imágenes.

2 ¿Y tú?

Propuesta de trabajo: En grupos de 3 ó 4, los alumnos hablan sobre los objetos.

¡Está riquísimo!

Tema: Comida y costumbres en torno a la comida en España y Latinoamérica.

Objetivos: Hablar sobre las características de la comida y valorar platos; hablar sobre comer y costumbres alimenticias, y sus cambios en España y Latinoamérica; expresar opiniones y dudas.

Recursos: *¡Qué duro está!; ¡Está riquísimo!; Los chiles son picantes; ¡Pásamelos!; Se lo pedimos a Sara; Creo/pienso que es bueno ...; No creo/pienso que sea bueno ...*

Gramática: *ser/estar* + adjetivo; pronombres de objeto directo e indirecto: *me lo, te lo*, etc.; *creo que* + indicativo; *no creo que* + subjuntivo; preposiciones de lugar: *en, encima, sobre.*

Y además: Hacer una cita por teléfono y reservar una mesa para una comida de negocios.

1 Para empezar

Objetivos: Evaluar el estado de alimentos y platos.
Gramática: *estar* + adjetivo.
Propuesta de trabajo: Los alumnos miran los dibujos y escuchan al mismo tiempo la C/el CD. Después, en parejas, hacen corresponder las exclamaciones con las preguntas.

2 Para practicar

Objetivos: Hablar sobre las características de alimentos y platos y hacer valoraciones.
Gramática: *ser* + adjetivo.
Propuesta de trabajo: Por medio de un mapa asociativo (ver pág. 12) deje que los alumnos repitan antes el vocabulario de los alimentos y platos. Utilice los ejemplos para que se den cuenta de las diferencia de significado entre p. ej. *ser salado* y *estar salado*. Después los alumnos hacen el ejercicio lúdico que proponemos en el libro.
Anexo de ejercicios: números 1 y 2

3 Fernando no come carne

Objetivos: Hablar sobre costumbres alimenticias; pedir y ofrecer ayuda.
Gramática: Pronombres de objeto directo e indirecto.
Propuesta de trabajo: Como el diálogo no tiene dificultades especiales, ponga la

5

C/el CD sin más preparación. Los alumnos lo escuchan con los libros cerrados y después explican lo que han entendido. A continuación siga las propuestas de la lección 1, diálogo 2.

Otra propuesta: Escriba el título del diálogo en la pizarra y pida a los alumnos que especulen sobre lo que trata el diálogo. De esta manera se aumenta la predisposición a escuchar. A continuación, escuchan el diálogo y comparan el contenido con sus suposiciones. Después se continúa como en la propuesta anterior.

4 ¿Y tú?

Propuesta de trabajo: En grupos de 3 ó 4, los alumnos hablan de sus gustos alimenticios y buscan a una persona con gustos parecidos. Invite a los alumnos a usar expresiones de acuerdo y desacuerdo (*a mí también/tampoco; a mí sí/no*).

Otra propuesta: Los alumnos caminan por la clase y dicen a un/-a compañero/a una frase sobre algún gusto alimenticio personal. La otra persona reacciona positiva o negativamente de acuerdo con sus gustos. Si los gustos coinciden, las dos personas siguen caminando juntas y expresan sus gustos a una tercera, pero ahora, en plural (*a nosotros/-as nos gusta/n ...*). Así hasta que todos hayan hablado entre sí. Después pueden hacer de nuevo el ejercicio con otras frases.

5 Para practicar

Gramática: Pronombre de objeto directo e indirecto: *te lo, te la,* etc; uso y colocación de los pronombres con las formas de imperativo.

Propuesta de trabajo: En este ejercicio se practican los pronombres de objeto directo e indirecto. Los alumnos trabajan en parejas.

Otra propuesta: Fotocopie el material que aparece en las páginas 97, 98 de esta guía. Amplíelo y recórtelo en tarjetas. En parejas, A recibe unas tarjetas (no es necesario que le dé todas) y las distribuye por la clase (encima de una mesa, de una silla, etc) y B recibe una lista que escribirá A con las cosas por las que tiene que preguntar. A continuación se preguntan y buscan los objetos y alimentos. En una segunda vuelta se cambian los roles y las parejas.

Anexo de ejercicios: números 3 y 4

6 Para escuchar

Gramática: Uso del pronombre *se* de objeto indirecto en combinación con los pronombres de objeto directo.

Propuesta de trabajo: Los alumnos leen la tarea y después escuchan el diálogo por primera vez pero sin marcar las respuestas. Después vuelven a escucharlo, una o más veces, y las marcan. Para comprobar sus respuestas, contestan las preguntas usando los pronombres según el modelo.

Transcripción:
- *Muy bien, ya he llamado a todos para ver qué traen a la fiesta.*
- *Hm, hm. Oye, ¿a quién le has encargado la tortilla de patatas?*

● *Se lo he dicho a Loli. ¡Es que le salen buenísimas! La ensalada de atún se la he pedido a Sara y la de arroz a David.*

▲ *Bien. ¿Quién hace … el gazpacho?*

● *Pues nos lo trae Paqui. He pensado que como es andaluza …*

▼ *¡Fenomenal! Oye, ya me está entrando hambre.*

● *Para picar: aceitunas, galletas saladas y patatas fritas. Se las he pedido a Pepe.*

▲ *¡Bien hecho! Los de su piso comen en la cantina cuando cocina él.*

▼ *Entonces, nosotros nos encargamos de los refrescos, las cervezas y los zumos. ¿Os parece bien?*

● *Sí, muy bien.*

Solución: *ensalada de atún = Sara; ensalada de arroz = David; gazpacho = Paqui; tortilla = Loli; aceitunas, etc. = Pepe*

Patatas: aquí se trata de patatas fritas que son las llamadas en alemán "Kartoffelchips" y no "Pommes frites".

Anexo de ejercicios: número 5

7 ¿Y tú?

Propuesta de trabajo: En parejas, los alumnos hacen el ejercicio siguiendo las instrucciones.

Otra propuesta: Los alumnos hacen una lista en la pizarra con las cosas que necesiten para la fiesta. A continuación se colocan en círculo y con una pelota, el alumno A dice por ejemplo: *"las aceitunas"*, y tira la pelota. El que la recibe debe decir a quién se las encargan: *"Se las encargamos a Ulli"*.

Propuestas adicionales para automatizar el pronombre *se* + pronombres de complemento directo: 1) Copie y amplíe las tarjetas de las páginas 97, 98. Repártalas de tal manera que cada alumno reciba 2 ó 3 tarjetas. Luego pregunte usted (o un miembro del grupo) *"¿Quién tiene las zanahorias?"*. El que las tenga (alumno A) responde: *"Las tengo yo"*. De nuevo diga usted: *"Dáselas a Mónica"*. A: *"Mónica, aquí las tienes"*. De nuevo A le dirá: *"Se las he dado a Mónica"*. 2). Un juego de fantasía: Los alumnos se colocan de pie formando un círculo. Uno de ellos arroja una pelota a otro diciendo: *"Yo convierto esta tarta de manzana en una tortilla y se la doy a Gabi"*. Quien recoge la pelota transforma a su vez la tortilla en otro plato o alimento: *"Yo convierto esta tortilla en un bocadillo y se lo doy a Claus"*, y así sucesivamente.

8 Para practicar

Objetivos: Comparación intercultural de costumbres alimenticias; expresar opinión y duda.

Gramática: *creo que* + indicativo; *no creo que* + subjuntivo.

Propuesta de trabajo: Los alumnos contestan individualmente y después comparan sus respuestas con las del resto del grupo. Si es usted nativo, sería muy interesante para los alumnos que comentase la lista según su experiencia. Después muestre mediante un ejemplo el uso del indicativo y del subjuntivo. A continuación deje que los alumnos comenten en parejas las costumbres del ejercicio usando *(no) creo/pienso que* + indicativo/subjuntivo.

Anexo de ejercicios: números 6 y 7

9 Para leer

Propuesta de trabajo: Los alumnos leen la tarea anterior a la lectura y especulan sobre la posible solución.

Otra propuesta: Escriba la lista de productos en la pizarra y, con los libros cerrados, anime a los alumnos a opinar y dar las razones de su opinión. Después leen la solución en el libro. (¡Ojo! En el ejercicio siguiente, 10 ¿Y tú?, se les pide a los alumnos que hablen sobre sus propias costumbres alimenticias y cambios en su alimentación).

A continuación leen los textos y los relacionan con los titulares. Esta primera tarea es para ejercitar la estrategia de lectura global. Por tanto, no es necesario que lean el texto exhaustivamente. Deje un tiempo relativamente corto para leer y solucionar la tarea (3 minutos). Después leen los alumnos el texto más detalladamente y buscan en los textos las afirmaciones de la tarea final. Ahora se trata de hacer una lectura selectiva y tampoco es necesario entender el texto literalmente. Por eso es importante que en esta fase limite también el tiempo, p. ej. de 5 a 8 minutos.

Solución: *1; 2; 1; 3; 1; 3*

5

La información de la tarea anterior a la lectura está tomada de EL PAÍS 20 AÑOS, número extra. 5-5-1996.

10 ¿Y tú?

Propuesta de trabajo: Dé un poco de tiempo a los alumnos para que respondan a las preguntas individualmente (también se puede hacer por escrito). Después lo comentan con un/a compañero/-a y, finalmente, hacen una puesta en común. Si el grupo no es muy grande, se pueden discutir en el pleno de la clase las diferentes opiniones. Pero procure que todos tengan la posibilidad de hablar.

Fotos: 1. Interior de una hamburguesería en Mérida (Venezuela). 2. Una calle en Barcelona con un local de la cadena "McDonald´s".

Anexo de ejercicios: números 8 y 9

Y además

1 Yo me encargo de reservar una mesa

Objetivos: Concertar una cita por teléfono.
Propuesta de trabajo: Explique brevemente la situación: una persona llama por teléfono a una empresa para concertar una cita con una persona de esa empresa. Pida a los alumnos que presten atención a los nombres de las personas, a la causa de la cita y a la fecha y hora del encuentro. Los alumnos escuchan el diálogo con los libros cerrados, después contestan a las cuestiones anteriores y, por último, comparan sus respuestas entre ellos. Para terminar escuchan de nuevo el diálogo leyéndolo simultáneamente.

2 Para practicar

Propuesta de trabajo: Los alumnos leen los anuncios y eligen el restaurante más adecuado para la cita.
Solución: *Asador Viejo Horno*

Los anuncios se han extraído de la "Guía del ocio", revista semanal que contiene toda la información sobre espectáculos, ocio y cultura de Madrid.

3 Para escuchar

Propuesta de trabajo: Explique que van a escuchar la conversación telefónica entre la secretaria del señor Pomares y un camarero del restaurante, para reservar una mesa. Déjeles escuchar a los alumnos la C/el CD varias veces para que tengan tiempo de rellenar los huecos (cada línea coresponde a una palabra). Después comparan sus respuestas entre ellos; de este modo, se fijarán más en los recursos que se utilizan en el diálogo. En una última audición comprueban la versión correcta.

Transcripción (las soluciones están en negrita):
- ● *Asador Viejo Horno.* **¡Dígame!**
- ▲ *Buenos días. Me gustaría reservar **una mesa para dos personas**.*
- ● *¿**Para qué día**?*
- ▲ *Para el día 23 a las 3.*
- ● *Bien .¿**Y a nombre de quién** la pongo?*
- ▲ *De Andrés Pomares.*
- ● ***De acuerdo.** Entonces tiene reservada una mesa **para el día 23, a las 3 de la tarde**.*
- ▲ ***Bien, gracias** ... y adiós.*
- ● *Adiós.*

¡Qué día!

Tema: Contratiempos y supersticiones.

Objetivos: Contar lo que nos ha pasado o acaba de pasar; mostrar interés y animar el desarrollo de una conversación; hablar sobre supersticiones.

Recursos: *¡No puede ser!; ¡Qué día!; ¡Qué faena!;* etc.; *¿Qué te ha pasado?; al llegar ...; estaba a punto de ... cuando ...; mientras ...; resulta que ... y para colmo; total que ...,* etc.

Gramática: *al* + infinitivo; perífrasis verbales (*estar a punto de, ponerse a, acabar de*); el uso de los tiempos del pasado: *mientras* + imperfecto; *cuando* + perfecto/indefinido

Y además: Disculparse.

1 Para empezar

Objetivos: Expresar sorpresa y enfado.

Propuesta de trabajo: Pida a los alumnos que tapen las frases y describan los dibujos. A continuación sin destapar las frases todavía, los alumnos escuchan y hacen corresponder las frases con los dibujos. Después escuchan la grabación de nuevo leyendo las frases al mismo tiempo, y comprueban sus respuestas. Por último, los alumnos leen las frases en voz alta para practicar la entonación.
Solución: *1f, 2d, 3b, 4c, 5g, 6e, 7a*

2 ¿Y tú?

Propuesta de trabajo: En parejas practican la exclamación adecuada para cada situación propuesta. Pídales que traten de entonar lo más natural posible las exclamaciones o que incluso las exageren un poco.
Anexo de ejercicios: número 1

3 ¿A qué tren te has subido?

Objetivos: Contar un contratiempo que nos acaba de ocurrir; ordenar sucesos temporalmente.
Gramática: El uso del perfecto y del imperfecto; *al* + infinitivo; perífrasis verbales.
Propuesta de trabajo: Trabaje con el diálogo según una de las propuestas de la lección 1, diálogo 2. A continuación los alumnos completan las frases. Mediante esta tarea los alumnos pueden deducir las reglas de uso del perfecto y del imperfecto para contar algo que nos acaba de pasar.

6

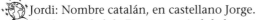Jordi: Nombre catalán, en castellano Jorge.

Lleida: Ciudad de España, capital de la provincia homónima en la comunidad autónoma de Cataluña, importante nudo de comunicaciones y centro comercial y agrícola. El nombre castellano es Lérida.

Sitges: Localidad costera a más o menos 40 km al sur de Barcelona en la Costa Dorada.

Tarragona: Ciudad de España, capital de la provincia homónima en la comunidad autónoma de Cataluña. Está situada en la costa mediterránea al sur de Barcelona. Cuenta con industria alimentaria, textil, química, petroquímica, metalúrgica y tabaquera, una refinería de petróleo y un puerto comercial, petrolero y pesquero.

Anexo de ejercicios: número 2

4 Para practicar

Propuesta de trabajo: Los alumnos describen las imágenes de forma aislada, es decir, sin conectarlas temporalmente (p. ej.: *Miriam está saliendo./El teléfono suena./Un guardia le pone una multa.* etc). Después, en parejas, cuentan o escriben lo que le ha pasado hoy a Miriam. Por último comparan su historia con la de otra pareja.

Propuesta adicional: En cadena: El alumno A dice una frase con *mientras +* imperfecto, p. ej. *Mientras trabajaba en el jardín ...*, el alumno B tiene que completar la frase con indefinido, p. ej. *... empezó a llover.* Después B dice la mitad de una frase, y el alumno C la completa, y así sucesivamente. También se puede empezar la frase en imperfecto y sin una expresión temporal, y completar con *cuando +* indefinido, es decir: *Trabajaba en el jardín, cuando empezó a llover.*

Anexo de ejercicios: números 3 y 4

5 Para practicar

Propuesta de trabajo: La meta de este ejercicio es que los alumnos tomen conciencia de las estrategias discursivas que se usan en una conversación. En una conversación, los interlocutores demuestran su interés por lo que el otro dice mediante exclamaciones y/o preguntas, con las que se muestra que se está siguiendo el desarrollo del relato. Los alumnos trabajan el ejercicio según la instrucción. Permita que la discusión sobre las razones de las interrupciones de Jordi, también las hagan en alemán.

Propuesta adicional: En parejas, uno adopta la identidad de Miriam (4 Para practicar) y cuenta qué le ha pasado y el otro reacciona con las expresiones de este ejercicio.

Solución:
Para adelantar la conversación: ¿Qué te ha pasado? / ¿A qué tren te has subido? / ¿Y entonces? / Y claro, has tenido ...
Para expresar comprensión: ¡No me digas! / ¡Qué mala suerte! / Vaya, ¡qué faena! / ¡Hoy no es tu día!, ¿eh?

6

6 Para leer

Objetivos: Ordenar un relato.
Gramática: El uso del indefinido y del imperfecto; uso de los marcadores del discurso.
Propuesta de trabajo: Esta carta informal enviada por correo electrónico ejemplifica de nuevo como se describen y ordenan sucesos. Los alumnos leen la carta y buscan a continuación las expresiones que aparecen en el recuadro (*total que* no aparece en este texto, pero ya apareció en el diálogo 3). Pida a los alumnos que decidan cuáles de las expresiones sirven para enfatizar, cuáles para introducir información y cuáles para presentar una conclusión. Escriba para ello en la pizarra:

introducir una información	*enfatizar*	*presentar una conclusión*

Solución:
Para introducir información: lo primero, resulta que
Para enfatizar: y claro, por lo menos, para colmo, y encima
Para presentar una conclusión: en fin que, pero bueno (la expresión "total que", que aparece en el recuadro, tiene la misma función)

7 Para practicar

Propuesta de trabajo: Los alumnos trabajan según las instrucciones del ejercicio. Esta propuesta lúdica sirve para practicar estas expresiones de una forma más intensiva.
Anexo de ejercicios: números 5, 6 y 7

8 ¿Y tú?

Propuesta de trabajo: En parejas, una persona cuenta, con la ayuda de los hechos del ejercicio, lo que le pasó ayer. El interlocutor deberá interrumpir el relato lo más posible como muestra de interés. Para hacer este ejercicio de la forma más natural, sólo la persona que cuenta el relato debe leer las frases del libro. En una segunda vuelta se cambian las parejas y los roles.
Propuestas adicionales: 1) En lugar de la historia dada, los alumnos pueden contar sucesos de este tipo que les hayan ocurrido a ellos. 2) Pida a los alumnos que escriban un fax siguiendo el modelo de la página anterior.

9 Para escuchar

Propuesta de trabajo: Para introducir el tema de las *supersticiones* pregunte a los alumnos por cosas y/o expresiones que den buena o mala suerte, y haga una lista en la pizarra con ellas. Permita también que los alumnos respondan en alemán y escríbalas en la pizarra en alemán con su correspondiente traducción debajo. Está probado que para el aprendizaje de vocabulario esta técnica es más

6

efectiva que la simple traducción oral. Después los alumnos abren los libros, leen la introducción y la lista de supersticiones, y las clasifican. Luego escuchan la canción una primera vez con los libros cerrados y una segunda vez leyendo la letra. Finalmente comprueban su clasificación.

Otra propuesta para escuchar la canción: Haga 25 tiras de papel y escriba en cada una de ellas 2 líneas de la letra de la canción, de modo que al juntar todas las tiras se lea la letra completa. Distribuya las tiras entre los alumnos y ponga la canción. Ellos deberán colocar su tira sobre la mesa o el suelo según vayan escuchando su parte en la canción. Después, con las tiras ya ordenadas, ponga de nuevo la canción y todos, leyendo las tiras, podrán seguirla. Si alguien todavía no hubiera colocado su tira o alguna tira no estuviera en su lugar, en esta segunda audición es la oportunidad de hacerlo. Pero atención, una regla del juego muy importante es que sólo la persona "propietaria" de la tira puede colocar su tira. De este modo se evita que los alumnos más solícitos avasallen a los más tímidos. Aunque esta propuesta necesita mayor preparación, resulta para los estudiantes mucho más rentable ya que garantiza una audición más atenta.

Solución:
Cosas que traen suerte: tocar madera/cruzar los dedos
Cosas que traen mala suerte: el número 13/la luna llena/romper un espejo/pasar por debajo de una escalera/el color amarillo/un gato negro/tirar sal en la mesa/unas tijeras abiertas

6 Manolo Tela: Cantante de música rock nacido en Madrid. La canción presentada se encuentra en el disco *Sangre española*.

Anexo de ejercicios: número 8

10 ¿Y tú?

Propuesta de trabajo: En grupos de 3 ó 4, los alumnos hablan sobre las preguntas. Después cada grupo presenta su conclusión.

11 Para leer

Propuesta de trabajo: Como introducción pregunte quién conoce a Gabriel García Márquez, qué saben de él, cuál de sus libros han leído, etc. Después los alumnos leen el texto y contestan a las preguntas. Es posible responder a las preguntas sin entender de forma literal todas las palabras del texto. Anímeles a que lo hagan así. Después comparan sus respuestas con las de otro/-a compañero/-a. Si las respuestas no coinciden, pídales que citen las partes del texto en las que se han basado para dar su respuesta y anímelos a que se corrijan ellos mismos. Como último recurso pueden preguntar al profesor.

 Gabriel García Márquez: (Aracataca 1928). Escritor y periodista colombiano. Su novela *Cien años de soledad* (1967) ha contribuido al reconocimiento de la literatura de Latinoamérica en todo el mundo. Es la crónica de una familia y de un pueblo a través de varias generaciones, y constituye una metáfora de la realidad sudamericana y el ejemplo más acabado del llamado realismo mágico. Una selección de sus otras obras: *La Hojarasca* (1955); *El coronel no tiene quien le escriba* (1957); *Crónica de una muerte anunciada* (1981); *El amor en los tiempos del cólera* (1985); *El general en su laberinto* (1989); *Del amor y otros demonios* (1994). Obtuvo en 1982 el premio Nobel de Literatura.

Plinio Apuleyo Mendoza: Periodista y escritor colombiano. Muy conocido sobre todo por su labor como editorialista en el periódico *El espectador* de Bogotá. Coautor también, junto con Álvaro Vargas Llosa, del libro *Manual del perfecto idiota latinoamericano.*

12 **¿Y tú?**

Propuesta de trabajo: Los alumnos hablan de sus supersticiones o de las de otra persona. El ejemplo sirve para darles una idea; por supuesto, se puede contar también en presente. Nosotros le proponemos que haga el ejercicio en pleno, ya que no es necesario que cada uno cuente una historia (posiblemente algunos de los alumnos no conozca ninguna). En el caso de que todos quieran contar algo, lo mejor es que haga grupos de 4 ó 5 personas.
Anexo de ejercicios: número 9.

Y además

6

1 **Lo siento, es que ...**

Propuesta de trabajo: Los alumnos nombran todas las expresiones para disculparse que ya conozcan. Explique, que es necesario, dar siempre una explicación de lo ocurrido, ponga para ello un ejemplo. Después los alumnos abren los libros y relacionan. Para cada situación hay siempre dos versiones.
Solución: 1. *Disculpen, me ha sido imposible llegar antes. / Siento llegar tarde, pero había mucho tráfico.*; 2. *Disculpen, he olvidado hacer las copias. / Lo siento, creía que tenía las copias conmigo.*; 3. *Perdone, su nombre es ... / Lo siento, pero he olvidado su nombre.*; 4. *Perdone, tendré que irme a las ... porque tengo otra cita. / Lo siento, pero tendré que irme antes.*; 5. *Lo siento, pensaba que llevaba las transparencias. / Disculpen, me he dejado las transparencias en el despacho.*; 6. *Perdonen, estoy esperando una llamada urgente. / Disculpen, he olvidado desconectar el móvil.*

Busca, compara y si encuentras algo mejor ... cómpralo

Tema: El consumo y hábitos de consumo.

Objetivos: Preguntar por lo dicho; hacer comparaciones; describir objetos; expresar deseos, opiniones, necesidad, indiferencia.

Recursos: *El coche negro es el más elegante; ¿Qué has dicho?; Que si te apetece ...; Lo más importante es que sea ...; Quiero/busco/necesito un coche que gaste ...; ¿Conoces a alguien que sepa ...?; No conozco a nadie que sepa ...; Conozco a alguien que sabe...; Arreglamos cosas nosotros mismos; El barrio donde/en el que...*

Gramática: Repetir algo que se acaba de decir; comparaciones entre substantivos; oraciones relativas con indicativo y subjuntivo; *alguien, nadie; mismo/-a;* pronombres relativos; correspondencias con el verbo "können".

Y además: Pedidos y reclamaciones.

1 Para empezar

7

Objetivos: Describir, comparar y valorar las características de los coches.
Propuesta de trabajo: En parejas los alumnos hablan de las características de los coches. De este modo se repasan los comparativos, el superlativo absoluto, los colores y diferentes adjetivos.
Anexo de ejercicios: número 1

2 Estoy buscando un coche de segunda mano

Objetivos: Preguntar por lo que se ha dicho; expresar deseos y necesidades; describir algo.
Gramática: Repetir lo que se acaba de decir; comparaciones entre sustantivos; oraciones relativas con indicativo y subjuntivo.
Propuesta de trabajo: Trabaje con el diálogo según una de las propuestas de la lección 1, diálogo 2. A continuación los alumnos responden las preguntas.
Anexo de ejercicio: número 2

3 ¿Y tú?

Propuesta de trabajo: Los alumnos hablan en grupos de 3 ó 4.

4 Para practicar

Objetivos: Preguntar por lo dicho.
Gramática: Repetir lo que se acaba de decir.
Propuesta de trabajo: Los alumnos hacen el ejercicio en parejas y se van preguntando por turnos. Para hacer la situación más real proponemos escribir las preguntas en pequeños papeles. La persona que pregunta recibe el papel, la otra así no sabe qué se pregunta. Después se cambia el rol y la pareja. En la página 99 de esta guía encontrará algunos papeles preparados para fotocopiar, ampliar y recortar.
Anexo de ejercicios: número 3

5 Para practicar

Gramática: El subjuntivo en oraciones relativas.
Propuesta de trabajo: Con la ayuda de los ejemplos del recuadro explique la diferencia entre el uso del indicativo y del subjuntivo en oraciones relativas; este uso del subjuntivo, que aquí se practica, es nuevo para los alumnos. En parejas los alumnos buscan el tipo de maleta más adecuado para cada persona del dibujo. Después hablan con otra pareja y comparan sus resultados.
Anexo de ejercicios: números 4 y 5

6 ¿Y tú?

Propuesta de trabajo: Dependiendo del tamaño del grupo, este ejercicio de tipo lúdico, se puede hacer en el pleno de la clase o en grupos de 5 ó 6 personas. Deje un poco de tiempo a los alumnos para que puedan tomar notas del objeto que van a describir y que los compañeros tendrán que adivinar. Después describen sus objetos por turnos.
Otra propuesta: Si a sus alumnos les gusta hacer concursos, divida la clase en dos equipos. Para cada persona de cada equipo buscan un objeto –sin que los compañeros de los otros grupos lo oigan– y describen sus características. A continuación, el grupo A presenta uno de sus objetos y el grupo B tienen tres posibilidades para adivinarlo. Si lo consiguen reciben un punto y si no, el grupo A recibe el punto. Al final, gana el grupo que tenga más puntos. La ventaja de trabajar así, es que los alumnos se esfuerzan más en describir los objetos y, también, escuchan con más atención.

7 Para leer

Propuesta de trabajo: Este artículo trata sobre la sociedad de consumo, y concretamente sobre los productos de "usar y tirar". Escriba el título del artículo en la pizarra y haga que los alumnos especulen sobre el contenido del texto, si lo considera necesario en alemán. Después lo leen y comparan con sus especulaciones. Para facilitar la comprensión del texto puede usted explicar y/o traducir antes el significado de *la capacidad aquisitiva, coser, planchar*. Después los alumnos responden a las preguntas que siguen al texto en grupos de 3 ó 4. Para responder a las preguntas deberán volver al texto varias veces, lo que significa hacer una lectura muy detallada del mismo.

 Muy interesante es una revista de divulgación en la que, a través de sus diferentes secciones (psicología, sociología, ecología, avances científicos, etc.), se tratan temas de actualidad.

8 ¿Y tú?

Gramática: Oraciones relativas con indicativo o subjuntivo; alguien/nadie.
Propuesta de trabajo: En este ejercicio se practica y amplia el vocabulario que salió en el texto anterior. Para formular las preguntas y las respuestas, los alumnos utilizarán las oraciones relativas con indicativo o subjuntivo y alguien o nadie, siguiendo el ejemplo. Para tener más posibilidades de ganar este juego, y también, para que resulte más atractivo, es necesario que los alumnos pregunten al mayor número de personas en el menor tiempo posible. Para ello los alumnos caminan por la clase y se preguntan entre sí. En esta actividad aparece el verbo *saber* en el sentido de tener conocimientos/capacidad para hacer algo. En el anexo gramatical se explica la diferencia entre *poder* y *saber* y en el anexo de ejercicios encontrará una actividad para practicarlos.
Anexo de ejercicios: números 6, 7 y 8

7

Cómic: Deje leer el cómic como un simple pasatiempo con el que disfrutar y sin tarea. Si es necesario explique/traduzca la frase *Recién la enciendo* y el adjetivo *tarado*. (Tiene más información sobre Quino en la página 28, Lección 3 de esta guía).

9 Para escuchar

 Propuesta de trabajo: Los alumnos leen la tarea y las afirmaciones que siguen. Deje que los alumnos pregunten las palabras que todavía no conocen pero, atención, no dé todavía ninguna explicación de la gramática. Después escuchan la C/el CD varias veces y marcan las respuestas. Por último, las comparan entre ellos. No confirme inmediatamente la solución correcta; utilice las posibles divergencias en sus respuestas como estímulo para una nueva audición.

Transcripción:
- ● *... y como siempre, tarde.*
- ▲ *No, mira, ya llegan en su Mercedes.*
- ● *¡Pero si viven aquí a la vuelta!*
- ▲ *Ya, pero tú sabes que les encanta presumir y tienen que enseñar su coche a los vecinos del barrio.*
- ● *No sólo el coche. Seguro que Paco viene con sus Levi's, su Lacoste y sus Ray ban ...*
- ▲ *... y Gloria, con el último modelito de Prada y su Chanel.*

● *Pues yo ya huelo el Paco Rabanne de Paco. Y ahora empezarán a contarnos las cosas que han comprado y de qué marca.*

▲ *Eso, sobre todo la marca. Si las cosas son bonitas o feas no importa. Pero la marca...*

● *Por cierto, ¿ya sabes la última? Hace dos semanas se compraron para sus vacaciones cuatro maletas de Louis Vuitton. Y total para ir a Torremolinos.*

▲ *Y para que se las aplasten en el avión. Yo prefiero gastar el dinero en otra cosa.*

● *¡Qué avión! Si van en tren.*

▲ *No tienen remedio... Yo no los entiendo. Como a mí eso de las marcas me da igual.*

● *A mí también. Me da lo mismo un Rolex que un Swatch. Lo importante es que funcione.*

▲ *Uy, pues seguro que Paco nos vuelve a enseñar su nuevo Rolex y nos explica por quinta vez dónde lo compró, ¡cuánto! le costó ...*

● *Algún día se le va a romper mientras juega al golf con ese amigo misterioso que nadie conoce.*

▲ *Pues sí. Para ellos lo importante es aparentar y prefieren andar bien vestidos a ...*

● *Ay, calla, calla, que ya se acercan.*

Solución: *f, v, v, f, v*

Torremolinos: Ciudad de España en la provincia de Málaga. Es un importante centro turístico en la Costa del Sol.

10 Para practicar

7

Gramática: Pronombres relativos.
Propuesta de trabajo: En esta actividad se practican los pronombres relativos, que se introdujeron en la actividad anterior. Para la puesta en clase es necesario un número par de alumnos (si es necesario, colabore usted también). Cada alumno completa las frases con informaciones que haya obtenido sobre su compañero durante el curso. Después transforme las afirmaciones en preguntas para comprobar si han acertado. Asegúrese de que los alumnos utilicen la construcción *preposición + artículo + que*, construcción inusitada para el alumno germanohablante.
Anexo de ejercicios: números 9 y 10

11 Para leer

Propuesta de trabajo: Explique la palabra *gadget* (del inglés aparato, artilugio; en el texto pequeños aparatos técnicos, "Spielerei", que nos pueden ser más o menos útiles pero nunca de primera necesidad). Los alumnos hacen una lluvia de ideas y elaboran una lista de *gadgets*. Después leen el texto y comparan los objetos de la lista con los que aparecen en el texto. A continuación, en parejas, hacen una lista con las cosas del texto que realmente son indispensables y con las que no. Para esto, deben hacer una lectura detallada. Por último, los alumnos dan su opinión y hablan entre ellos en el pleno de la clase.

Computadora: Término utilizado en Latinoamérica para designar a un ordenador.
Celular: Término utilizado en Latinoamérica para designar a un teléfono móvil.
Hewlett Packard: Empresa de Estados Unidos de ordenadores y accesorios (en Europa sobre todo impresoras).
Casio: Empresa japonesa de ordenadores, calculadoras y libros de direcciones electrónicas.

12 ¿Y tú?

Propuesta de trabajo: Deje un poco de tiempo a los alumnos para completar las frases. Después los alumnos caminan por la clase y buscan a alguien que coincida con su manera de comprar. Las estructuras del ejemplo ya las conocen de las lecciones 3 y 4.
Anexo de ejercicios: número 11

Y además

Reclamaciones

1 Para leer

7

Propuesta de trabajo: Los alumnos leen el fax y buscan en el texto la traducción para las palabras propuestas.

2 Para escuchar

 Propuesta de trabajo: Deje que los alumnos escuchen los tres diálogos sin pausa. Seguidamente ponga la C/el CD de nuevo, pero dejando un tiempo entre los diálogos para que los alumnos puedan tomar nota de las quejas de los clientes. Por último, con la ayuda de sus respuestas, deciden cuál de las tres conversaciones corresponde al fax.

Transcripción:
1.
● *Distribuidora La Luna ¡Dígame!*
▲ *Buenos días, ¿me pone con el servicio de atención al cliente, por favor?*
● *Sí, un momento, por favor.*
◆ *Luis Aguirre, ¡dígame!*
▲ *¡Buenos días! Soy la señora Martínez de la librería El Sol. Le llamaba porque todavía no he recibido el pedido que les hice el pasado día 13 de enero.*
◆ *Un momento, señora Martínez, ¿me da su número de pedido por favor?*
▲ *Sí, es el 325.*

◆ A ver ..., ¡qué raro! Debería haberlo recibido ya. Mire, tendré que preguntar a ver qué ha ocurrido. Espere un momento por favor ... ¿Señora Martínez? Pues lamentablemente ha habido unos problemas en el almacén y su pedido se retrasará todavía otra semana.

▲ ¿Otra semana? ¿Pero, pero cómo es posible? Pues tendré que buscarme otra distribuidora. ¿Sabe? Yo también dependo de mis clientes.

◆ Lo siento mucho, le aseguro que lo recibirá la próxima semana.

▲ Bueno, espero que así sea. Entonces, adiós.

◆ Adiós, señora Martínez.

2.

● Distribuidora La Luna ¡Dígame!

▲ Buenos días, ¿me pone con el servicio de atención al cliente, por favor?

● Un momento, por favor.

◆ Luis Aguirre ¡Dígame!

▲ Buenos días, le habla la señora Medina, de la librería La Bohemia. Le llamaba porque acabamos de recibir el envío de los 500 libros que les encargamos y además de que muchos han llegado rotos, algunos títulos están equivocados.

◆ Espere un momento, por favor. A ver, ¿puede darme el número de pedido?

▲ Sí, es el 235.

◆ ¡Ah sí! Aquí está ... Pues no sé lo que ha podido pasar ... Mire, lo mejor es que nos envíe un fax con una explicación detallada de lo ocurrido, y nosotros les haremos un nuevo envío lo más rápido posible.

▲ Sí, pero espero que así sea, porque si no, tendré que buscarme otra distribuidora.

◆ Por supuesto. Lamento mucho lo que ha pasado. Le aseguro que no volverá a ocurrir.

▲ Bueno, pues entonces ahora mismo le envío el fax señor Aguirre. Adiós y gracias.

◆ A usted señora Medina y disculpe nuevamente por lo ocurrido. Adiós.

7

3.

● Distribuidora La Luna ¡Dígame!

▲ Buenos días, ¿puedo hablar con el señor Aguirre, del servicio de atención al cliente?

● Un momento, por favor.

◆ Buenos días, ¿dígame?

▲ Buenos días, señor Aguirre, soy el señor Jiménez, de la librería El Viajero. Le llamaba porque acabo de recibir mi pedido, pero parece ser que ha habido un error. Los libros que me han traído no son los que le encargué.

◆ ¡Vaya! A ver señor Jiménez, ¿me da su número de pedido, por favor?

▲ Sí, es el 523.

◆ Ah sí, aquí lo tengo. Usted encargó 250 libros de la colección El Viajero Incansable, ¿no?

▲ Pues sí, pero los que he recibido son de cocina.

◆ Mire, lo que voy a hacer es hablar ahora con el almacén para ver si mañana podemos enviarle los libros que nos pidió, y recoger los que usted tiene allí. ¿De acuerdo?

▲ *Vale. De acuerdo. Pero es urgente que me los envíen en esta semana, pues tengo compromisos con varios clientes.*

◆ *Sí, sí, no se preocupe señor Jiménez. Esta semana tendrá sus libros sin falta.*

▲ *Bueno, eso espero. Pues nada, adiós.*

◆ *Adiós, señor Jiménez y disculpe por las molestias. ... ¡Buf! ¡Qué día!*

Solución: *Los clientes se quejan de*
1ª librería: no ha recibido el pedido
2ª librería: los libros han llegado rotos y equivocados
3ª librería: han recibido otros libros
La llamada telefónica que corresponde al fax es la número 1.

3 Para practicar

Propuesta de trabajo: En parejas, los alumnos redactan un fax según el modelo de la actividad 1. Quizá sea conveniente que los alumnos vuelvan a escuchar los diálogos.

4 ¿Y tú?

Propuesta de trabajo: En una puesta en común los alumnos hablan sobre el tema propuesto.

7

Sueños

Tema: Planes para el futuro, cambios en la vida y vivir en el extranjero.

Objetivos: Hablar sobre el futuro: expresar planes, deseos y esperanzas; prometer algo; dejar que otra persona decida.

Recursos: *Compraré un coche; Esperamos tener todo listo para finales de año; Esperamos que todo salga bien; Allí puedes ir cuando quieras; Te prometo que os haré una visita; ¡Ojalá que tengáis mucho éxito!; Cuando sea grande, trabajaré en ...*

Gramática: Repaso de las formas y del uso del futuro; el uso del subjuntivo después de *esperar que, ojalá, cuando*; el uso del subjuntivo para expresar indiferencia ante una decisión.

Y además: Ofertas de trabajo y horarios laborales.

1 Para empezar

Objetivos: Leer un cuento popular.
Gramática: Repaso de las formas del futuro; el uso del futuro para expresar planes.
Propuesta de trabajo: Los alumnos miran el dibujo y leen el título. Pregunte si alguien conoce el cuento. Si no es así, invíteles a que hagan hipótesis a partir del dibujo y el título. A continuación leen el cuento (lectura global) y con los libros cerrados se cuentan lo que han entendido. Después lo leen de nuevo y subrayan los verbos en futuro. Por último, dirija la atención de sus alumnos hacia la fórmula que se utiliza al comienzo de un cuento (érase una vez).
Anexo de ejercicios: número 1

8

2 ¿Y tú?

Propuesta de trabajo: Según el juego "hacer la maleta" (ver pág. 13), un alumno expresa un sueño para el futuro mediante una frase con el verbo en futuro. El siguiente repite la frase (en tercera persona) y añade su sueño. Y así sucesivamente.

3 Ése ha sido siempre el sueño de Paulina

Objetivos: Hablar de planes para el futuro; expresar, deseos y promesas.
Gramática: *esperar* + infinitivo; *esperar que* + subjuntivo; *ojalá* + subjuntivo.
Propuesta de trabajo: Trabaje con el diálogo según una de las propuestas de la lección 1, diálogo 2. A continuación, los alumnos hacen una lista con las frases del texto que expresan planes, deseos y promesas.

Cancún: Centro turístico y de comercio situado en el noreste de la Península de Yucatán en México.

Cozumel: Isla a 20 kilómetros de la costa de Yucatán en el mar Caribe. Centro turístico y de buceo. En su costa suroeste se encuentra el segundo arrecife de corales del mundo, después de la Gran Barrera de Australia.

4 Para practicar

Gramática: El uso del infinitivo y subjuntivo con *esperar*.

Propuesta de trabajo: En parejas, un alumno hace el papel de los padres y otro el del hijo. Los alumnos hacen frases según el ejemplo del ejercicio. En una segunda vuelta se cambian las parejas y los papeles.

Propuesta adicional: En grupos de 3 ó 4. Cada grupo tiene un dado y por turnos lo tiran. Si sale una cifra par, hacen una frase con *esperar* + infinitivo y si sale impar con *esperar que* + subjuntivo.

Anexo de ejercicios: número 2

5 Para practicar

Gramática: *Ojalá* + subjuntivo.

Propuesta de trabajo: Los alumnos leen la instrucción del ejercicio y en parejas relacionan las situaciones con las expresiones. Después presentan sus propuestas en el pleno.

Propuesta adicional: Proponga a sus alumnos que en parejas formulen deseos para el próximo año: primero para sí mismos (*¡Ojalá tenga ...!*), después para otros compañeros de la clase (*¡Ojalá tengas ...!*) y al final para su mujer/marido/amiga/-o y para sí (*¡Ojalá tengamos ...!*). Para facilitar la tarea puede escribir en la pizarra algunos verbos.

 Ojalá: palabra de origen árabe que significaba "Dios lo quiera". En Latinoamérica se usa frecuentemente la forma "ojalá que".

Anexo de ejercicios: número 3

6 ¿Y tú?

Propuesta de trabajo: En este ejercicio se repasan a modo de resumen diferentes estructuras para hablar sobre planes para el futuro. Los alumnos caminan por la clase y se preguntan transformando las preguntas del ejercicio en preguntas directas (*¿Piensas hacer un curso de cocina?*). Cuando obtengan una respuesta positiva, anotan el nombre de la persona y así, al final, podrán exponer los resultados de la encuesta a la clase.

Anexo de ejercicios: número 4

7 ¡Donde quieras!

Objetivos: Dejar que otra persona decida.
Gramática: El uso del subjuntivo para expresar indiferencia ante una decisión.
Propuesta de trabajo: Los alumnos leen la instrucción del ejercicio y relacionan las situaciones con las respuestas. Usted puede aprovechar la ocasión para indicar de nuevo la forma de escribir los pronombres y adverbios, con acento o sin acento, según sean interrogativos o no. A continuación, los alumnos trabajan en parejas haciendo los minidiálogos de las diferentes situaciones dadas.
Anexo de ejercicios: número 5

8 Para leer

Gramática: *Cuando* + subjuntivo.
Propuesta de trabajo: Explique las palabras *intérprete, ONU y asco.* De este modo los alumnos podrán entender el cómic de Quino (para más información sobre Quino, ver pág. 28, Lección 3). Después leen el cómic y contestan la pregunta. Esta tarea hace que la atención del alumno se centre en la construcción *futuro + cuando + subjuntivo.*

9 Para practicar

Propuesta de trabajo: En grupos de 3 ó 4, los alumnos hacen el ejercicio y comparan sus respuestas con las de otro grupo. Adviértales que el ejercicio admite diferentes combinaciones.
Propuestas adicionales: 1) Una cadena. Un alumno dice una frase. Por ejemplo: *Cuando tenga tiempo, iré a ...* Continúa otro tomando la última parte de la frase del anterior: *Cuando vaya a ..., visitaré ...* Y así sucesivamente hasta formar una cadena lo más larga posible.
2) En parejas. Un alumno hace varias veces la misma pregunta a su pareja. Por ejemplo: *¿Qué pasará cuando te hagas rico/a?* La pareja tiene que contestar cada vez de modo diferente: *Haré un viaje alrededor del mundo. / Me compraré un cabrio.*
Anexo de ejercicios: números 6 y 7

10 ¿Y tú?

Propuesta de trabajo: Los alumnos trabajan según la tarea propuesta.

11 Para escuchar

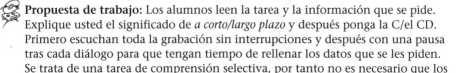

Propuesta de trabajo: Los alumnos leen la tarea y la información que se pide. Explique usted el significado de *a corto/largo plazo* y después ponga la C/el CD. Primero escuchan toda la grabación sin interrupciones y después con una pausa tras cada diálogo para que tengan tiempo de rellenar los datos que se les piden. Se trata de una tarea de comprensión selectiva, por tanto no es necesario que los alumnos entiendan palabra por palabra la audición. Al final comparan las soluciones entre ellos. Si hubiera diferencias en los resultados, no confirme inmediatamente la solución correcta; utilice las posibles divergencias como estímulo para una nueva audición.

Transcripción:
Areli Navarro
- ● *Oye, Areli, quería hacerte unas preguntas. ¿Tienes tiempo?*
- ▲ *Sí, ¿qué preguntas?*
- ● *Pues ... tus planes de futuro.*
- ▲ *Ay, yo no planeo el futuro.*
- ● *Bueno, pero alguna idea has de tener. Por ejemplo, cuéntame primero cuánto tiempo llevas viviendo en Alemania.*
- ▲ *Llevo viviendo aquí ya ... ocho años.*
- ● *¿Y cómo fue? Quiero decir ... ¿Por qué viniste a Alemania?*
- ▲ *Vine a estudiar alemán, y después de un año conocí a Martin y ... bueno me quedé.*
- ● *¿Y ... a qué te dedicas?*
- ▲ *Soy restauradora de pinturas y trabajo en mi taller.*
- ● *¿Te gusta vivir aquí?*
- ▲ *Sí, aunque me hace falta mi país. Pero me gusta la seguridad, que las cosas funcionan bien ... bueno, me gustan muchas cosas.*
- ● *¿Puedes decirme qué planes tienes para el futuro?*
- ▲ *Pues lo que me gustaría hacer primero es cambiarme a una casa con jardín, y después, cuando los niños estén más grandes, trabajar más, trabajar de tiempo completo.*
- ● *¿Te gustaría quedarte aquí o regresar a México?*
- ▲ *Sí, me quisiera regresar, pero igual puede ser dentro de veinte años. Pero sí, sí me gustaría vivir en México. No sé, lo hemos dejado un poco abierto porque Martin está empezando con el despacho, él es abogado, pero la idea es que después de unos diez años, cuando ya estemos menos endeudados, empezar a ahorrar para hacer algo en México.*
- ● *¿Y qué vais a hacer allí?*
- ▲ *Poner un negocio propio, no sé, a Martin le gustan mucho las fincas de café, o un restaurante, no sé algún negocio.*

Carlos Aparicio
- ● *Y tú Carlos, ¿cuantos años llevas aquí en Alemania?*
- ▲ *Pues ... ahora van a hacer tres años.*
- ● *¿Y por qué viniste a este país?*
- ▲ *En primer lugar, para cumplir la objeción de conciencia. Y claro, yo ya había estado antes en Alemania visitando a amigos y me había gustado.*
- ● *¿Es normal hacer la objeción de conciencia fuera de España?*
- ▲ *Hombre, no es lo más habitual, pero sí es posible. Yo quería también aprender alemán, ... acumular experiencias para tener más posibilidades de encontrar un trabajo después. ¿Sabes?, yo vengo de Madrid y allí es muy difícil encontrar un primer trabajo.*

● *Ah ya. Tú eres muy joven, Carlos, ¿verdad? ¿Cuántos años tienes?*
▲ *28, bueno ya casi 29.*
● *Entonces cuando llegaste aquí, acababas de terminar tus estudios seguramente.*
  ¿Qué estudiaste?
▲ *Biología.*
● *¿Y ahora en qué trabajas?*
▲ *Pues en este momento doy clase de español, porque como biólogo es difícil encontrar*
  trabajo aquí.
● *¿Cuáles son tus perspectivas, qué quieres hacer dentro de algún tiempo?*
▲ *De momento, no tengo planes seguros porque aquí me encuentro muy a gusto. Me*
  gusta vivir en Alemania, porque al contrario de Madrid, aquí la vida es más
  tranquila. Me gustan los parques, me gusta ir en bicicleta ... Pero en unos años,
  cuando tenga suficiente experiencia, volveré seguramente a España ... y me
  presentaré a las oposiciones de profesor de alemán.

Emilia Sánchez
● *¿Desde cuándo vives aquí en Alemania, Emilia?*
▲ *Desde hace trece años.*
● *¿Y por qué viniste aquí?*
▲ *Por mi marido, él es alemán. Nos conocimos en España, vivimos allí un tiempo y*
  después en Bélgica, y ahora aquí.
● *¿Y ... a qué te dedicas?*
▲ *Soy profesora de español.*
● *¿Puedes decirme cuáles son tus planes para el futuro?*
▲ *¿Mis planes? Son volvernos a España cuando mi marido se jubile, dentro de unos*
  10 años más o menos.
● *¿Y qué vais a hacer allí?*
▲ *De momento ya hemos comprado una casa en un pueblo de la costa de Málaga.*
  Allí es donde nos gustaría vivir. Ahora usamos la casa para las vacaciones, pero
  después la reformaremos un poco para vivir en ella.
● *Entonces, ¿os vais definitivamente?*
▲ *No, no quiero, o mejor, no quisiera perder el contacto con Alemania. Primero,*
  porque mis hijos y la familia de mi marido viven aquí, y segundo, porque he vivido
  muchos años en Alemania y hay muchas cosas que me gustan. Creo que lo ideal
  sería en el futuro vivir en España y venir algunas temporadas.

8

Solución: *Areli Navarro: 8 años; restauradora de pinturas; cambiarse a una casa con*
jardín y trabajar a tiempo completo; poner un negocio en México. Carlos Aparicio: 3
años, biólogo, en la actualidad profesor de español; ningún plan a corto plazo; regresar
a España y trabajar allí como profesor de alemán. Emilia Sánchez: 13 años; profesora
de español, ningún plan a corto plazo; vivir en España.

12 ¿Y tú?

Propuesta de trabajo: Los alumnos hablan sobre sus propios planes o sobre los de otra persona que conozcan. Este ejercicio se puede realizar en grupos o en el pleno de la clase.
Anexo de ejercicios: número 8

Y además

Ofertas de trabajo

1 Para practicar

Objetivos: Introducir vocabulario de diferentes horarios laborales y condiciones de trabajo.
Propuesta de trabajo: Los alumnos relacionan las expresiones y las definiciones. Después comparan las soluciones entre ellos.
Solución: *1 f; 2 a; 3 b; 4 d; 5 e; 6 g; 7 c*

 En España, generalmente, las empresas privadas tienen jornada partida. Es decir, la jornada laboral se divide en dos partes, mañana (entre las 8h y la 1,30h aproximadamente) y tarde (entre las 15h y las 19h), dejando un tiempo para comer de una a dos horas. En este caso se trabajan aproximadamente 40 horas semanales. En verano, muchas empresas, cambian el tipo de jornada trabajando desde por la mañana hasta el mediodía-tarde sin descanso, reduciéndose las horas semanales a 37,30 horas máximo. Esto es lo que se llama jornada intensiva.

2 Para escuchar

Propuesta de trabajo: Los alumnos leen la tarea, después, escuchan varias veces la C/el CD, marcan las respuestas y las comparan entre ellos. A continuación leen los anuncios y deciden cuál se acerca más al trabajo ideal de Carlos. Aquí se trata de hacer una comprensión oral y lectora selectiva. Por eso no es necesario que entiendan todas las palabras para realizarlas.

Transcripción:
● *Hola, Carlos. Ya estoy aquí.*
▲ *¡Hola!*
● *He comprado dos periódicos más. Mira.*
▲ *Ah. Gracias. Vamos a ver si encuentro algo. Últimamente las ofertas que hay no son muy interesantes.*
● *Tranquilo ... Con un poco de paciencia, seguro que encuentras lo que buscas.*
▲ *Ya. Eso es lo que dices tú ahora. Pero el próximo año cuando termine en la universidad. Ya veremos. Las cosas no están tan fáciles.*

● *Pues yo encontré mi trabajo sin mucho esfuerzo.*
▲ *Sí, bueno. Pero tu trabajo es de 3 horas al día. Y eso no es un trabajo, trabajo.*
● *Oye, oye. Yo trabajo a tiempo parcial, pero mi trabajo es tan serio como otros.*
▲ *Hombre, no te enfades. Quiero decir que no es lo mismo un trabajo para vivir, que uno para ganar un poco de dinero.*
● *Ya. ¿Y tienes una idea de lo que buscas?*
▲ *Más o menos, sí. Por ejemplo, el dinero es importante pero no es lo más importante. Sabes que tengo poca experiencia y ahora me interesa sobre todo aprender más cosas de la economía y de las finanzas también.*
● *Entonces quieres trabajar en un banco, ¿no?*
▲ *Bueno, un banco es una posibilidad, pero también en grandes empresas o consultorías, o algo relacionado con la bolsa. Normalmente aquí encuentras buenos equipos de profesionales, y esto sí es muy importante para mí, porque en esos equipos, se pueden aprender muchas cosas.*
● *Vamos que quieres convertirte en un hombre de negocios. Hoy Nueva York, mañana Tokio ...*
▲ *No sé, la verdad es que viajar me gustaría. No es totalmente necesario pero sería interesante. Lo que no quiero es lo que tú dices, ser un hombre de negocios duro que sólo piensa en el negocio y punto. Tú me conoces y sabes que tengo algunos hobbys que no quiero dejar.*
● *¡Vaya! Entonces quieres trabajar 7 horitas con jornada intensiva y a casa.*
▲ *No, mira, no. La jornada me da igual intensiva o no. También quiero tener mi vida privada y tener tiempo para mí. En la vida no es todo trabajar. Pero ahora que dices lo de la hora, sí hay algo que para mí es importante y es ...*
● *No, no me lo digas. Tener una jornada flexible. ¿He acertado?*
▲ *Y tú, ¿cómo lo sabes?*
● *Porque sé cuánto te gusta la cama, dormilón.*

Solución: *jornada flexible: importante; jornada intensiva: indiferente; trabajo a tiempo parcial: indiferente; formación: muy importante; posibilidad de viajar: importante; trabajo en equipo: muy importante; remuneración: importante.*
Solución del anuncio: *segundo anuncio*

3 ¿Y tú?

Propuesta de trabajo: En primer lugar, los alumnos anotan las características que para ellos debe tener el trabajo ideal. Después hablan con los compañeros para comparar sus prioridades.

¿Qué habrá pasado?

Tema: Acontecimientos inesperados y hechos inexplicables.

Objetivos: Hacer suposiciones; expresar preocupación y extrañeza; tranquilizar a alguien.

Recursos: *¿Dónde estará?; ¿Qué habrá pasado?; No puede ser que se haya olvidado ...; Seguro que está en un atasco; A lo mejor ha tenido un accidente; ¡Qué raro que / Quizá(s)/tal vez ha/haya tenido un accidente.*

Gramática: Las formas del futuro perfecto; el uso del futuro para expresar una suposición; formas y uso del perfecto de subjuntivo; el uso del subjuntivo después de expresiones de extrañeza; el uso del indicativo y/o subjuntivo después de *seguro que, a lo mejor, quizá(s), tal vez.*

Y además: Llamadas de teléfono.

1 Para empezar

9

Objetivos: Hacer suposiciones.
Gramática: El futuro perfecto; el uso del futuro para hacer suposiciones.
Propuesta de trabajo: Los alumnos leen las tarjetas y las relacionan con los dibujos. Aquí se introducen las formas y el uso del futuro perfecto. Como el uso del futuro perfecto en español y alemán es muy parecido, los alumnos lo entienden sin otras explicaciones (en el ejercicio 3 de esta lección se practica el uso).
Solución: *1 e; 2 b; 3 a; 4 c; 5 d*

2 ¡Se habrá quedado dormido!

Objetivos: Hacer hipótesis; expresar preocupación y extrañeza.
Gramática: El perfecto de subjuntivo.
Propuesta de trabajo: Trabaje con el diálogo según una de las propuestas de la lección 1, diálogo 2. Después, los alumnos leen el diálogo interpretando los diferentes papeles y completan la tabla. De este modo se centra la atención del alumno en los recursos discursivos que se presentan. Todavía no se trata, pues, de hacer consciente ni de practicar las nuevas estructuras gramaticales.
Soluciones:
Para expresar hipótesis: se habrá quedado dormido; quizá piense ...; estará en un atasco; a lo mejor ha pasado algo; lo más probable es que se le haya hecho ...; quizás haya tenido un ... Para expresar preocupación o extrañeza: ¿Pero qué le habrá pasado?; a mí me extraña mucho que ...; me temo que ...; qué raro que no ...

3 Para practicar

Objetivos: Hacer suposiciones.
Gramática: El uso del futuro simple y perfecto para hacer suposiciones.
Propuesta de trabajo: En parejas. Los alumnos hacen por escrito dos suposiciones, una en futuro simple y otra en futuro perfecto, para cada una de las situaciones dadas en el ejercicio. A continuación escriba en la pizarra:

¿Qué pasará? (ahora)	¿Qué habrá pasado? (antes)

Después, los alumnos leen sus suposiciones en voz alta y dicen a qué columna corresponden.
Anexo de ejercicios: números 1, 2 y 3

4 Para practicar

Objetivos: Expresar extrañeza o preocupación; hacer suposiciones; tranquilizar a alguien.
Gramática: El perfecto de subjuntivo; el uso del subjuntivo después de expresiones de extrañeza.
Propuesta de trabajo: Los alumnos leen la tarea y se explican las palabras o expresiones que no conozcan. En parejas hacen los minidiálogos con las situaciones y las suposiciones dadas en el ejercicio. Después de una primera vuelta los alumnos cambian de pareja y rol. En este ejercicio es suficiente expresar las suposiciones con *a lo mejor* + indicativo, no obstante, se puede completar el ejercicio animándoles a usar las otras formas posibles para expresar hipótesis, resumidas en el cuadro de la página siguiente.
Anexo de ejercicios: números 4 y 5

5 Para practicar

Objetivos: Hacer hipótesis.
Gramática: Uso de las diferentes estructuras para expresar suposiciones/hipótesis: futuro simple y compuesto, *seguro que/a lo mejor* + presente indicativo, *quizá(s)/tal vez* + perfecto indicativo/subjuntivo.
Propuesta de trabajo: En parejas, los alumnos hablan sobre los dibujos y hacen hipótesis sobre lo que ha podido pasar *(¿Qué habrá pasado?)*. Un alumno hace una hipótesis y su pareja le contradice con otra hipótesis que deberá justificar. Después hablan con otra pareja e intercambian sus hipótesis. Si el grupo no fuera muy grande, se podría hacer este ejercicio en el pleno de la clase.
Propuestas adicionales: 1) Lleve fotos de revistas y/o publicidad con personas en situaciones poco claras o inusuales, o en las que ocurra algo. A partir de las imágenes, los alumnos podrán especular sobre las posibles causas de las situaciones, ya que para ellos será desconocido el contexto de la situación. 2) Fotocopie y amplíe el dibujo de la página 100. En parejas, los alumnos inventan una historia sobre lo que habrá pasado.
Anexo de ejercicios: números 6 y 7

9

6 ¿Y tú?

Propuesta de trabajo: En cadena, los alumnos expresan extrañeza o hipótesis por la ausencia de un/a compañero/-a. Para que la actividad resulte más divertida, se puede hacer también según las reglas de "hacer la maleta" (ver pág. 13 de esta guía).

7 Para escuchar

 Propuesta de trabajo: Pregunte si algún alumno conoce o sabe algo sobre "las líneas de Nazca". Si es así, puede contar al grupo lo que sepa sobre ello. Después, los alumnos leen la tarea y las afirmaciones que la siguen (explique usted las palabras que no conozcan). Por las afirmaciones, se puede prever el contenido de la grabación en gran parte. De este modo, los alumnos estarán preparados para hacer una audición de tipo selectivo. Déjeles escuchar varias veces la C/el CD. A continuación marcan las afirmaciones que se mencionan en la grabación. Como el texto es bastante largo, puede facilitarles la tarea si la tercera vez que escuchan el texto, hace algunas pausas (por ejemplo tras *apreciadas desde el aire* y tras *de tres metros de profundidad*). Finalmente, los alumnos comparan las soluciones entre ellos.

Transcripción:

● *¡Buenos días tengan todos ustedes, queridos radioyentes, y bienvenidos a su programa "Hechos inexplicables"! Hoy, con un tema fascinante para todos los amantes de las culturas prehispánicas: Nazca. Y si usted nunca ha oído hablar sobre las líneas de Nazca, éste es el momento para que conozca y sepa más acerca de este fenómeno. Seguramente que usted ya se estará preguntando qué son las líneas de Nazca, dónde se encuentran, cuál es su significado. Pues bien, para ello, nuestro invitado especial del día de hoy, el Sr. Pedro Lerriz. El Sr. Pedro Lerriz se ha dedicado durante años a la investigación de culturas precolombinas y contestará hoy a todas nuestras preguntas sobre Nazca.*
Primeramente, muchas gracias por aceptar nuestra invitación, Sr. Lerriz.

▲ *Gracias a ustedes, por invitarme. Estoy realmente muy contento de estar en este programa y poder tener contacto con la gente.*

● *Pues bien, la primera pregunta obligada: ¿Qué son las líneas de Nazca y dónde se encuentran?*

▲ *Las líneas de Nazca son uno de los misterios más grandes de la humanidad y se ubican sobre una extensa pampa árida cerca de la ciudad costeña de Nazca en Perú. Estas líneas componen un gran mosaico de figuras animales gigantescas, como monos, colibríes, arañas, peces, etc. Estas figuras, sólo pueden ser apreciadas desde el aire.*

● *Es decir entonces, que para observar este fenómeno es necesario ir en helicóptero o en avioneta.*

▲ *Efectivamente, ésta es la única forma en que las líneas de Nazca pueden ser apreciadas.*

● *Y dígame, Sr. Lerriz, ¿cómo es que se formaron esas líneas?*

▲ *Después de muchos años de estudios, se llegó a la conclusión de cómo se hicieron y, lo más sorprendente, cómo es que aún siguen ahí, intactas. Verá usted. La arena del desierto tiene dos capas. La primera capa de arena superficial es de color marrón rojizo, y debajo de esta capa se halla la segunda capa de arena, la cual tiene un color amarillento.*

● *Increíble.*

▲ *De esta forma, las líneas resaltan por la diferencia de tonalidad. Además, quienes hicieron estas líneas sabían bien el lugar exacto donde construirlas, de tal manera que el viento no levantara la arena del desierto.*

● *¿Y qué profundidad tienen esas líneas?*

▲ *Las líneas tienen aproximadamente una profundidad de tres metros.*

● *Sabemos que se han propuesto muchas teorías sobre el significado de estas líneas, ¿podría decirnos cuáles son las teorías más aceptadas?*

▲ *Claro, una de las teorías más aceptadas es lu de la doctora alemana Maria Reiche. Esta mujer estudió las líneas durante más de cuarenta años, y sostiene que es un calendario astronómico gigante pre-inca que señalaba el movimiento de los astros y la venida de las estaciones para guiar a los hombres en sus siembras y cosechas.*

● *Muy interesante.*

▲ *Hay también otra teoría bastante aceptada que propone que las líneas eran rutas precisas que conducían a familiares y vecinos hacia el lugar de oración.*

● *Pero hasta ahora, sólo teorías.*

▲ *Así es. Su verdadero significado sigue siendo un misterio.*

● *Y en cuanto a las personas que las hicieron y las fechas probables, ¿qué datos se tienen?*

▲ *Bueno, eh ... las líneas de Nazca fueron hechas posiblemente por tres grupos diferentes: por los paracas, del año 900 al 200 antes de Cristo, por los nazca del 200 antes de Cristo al 600 después de Cristo, y por gente procedente de Ayacucho hacia el año 630 después de Cristo.*

● *Un misterio fascinante, queridos oyentes, y ahora, como siempre, es su turno de hacer preguntas al Sr. Lerriz. Nuestros teléfonos en el estudio son 546 27 00 y 546 ...*

Solución: *Se mencionan todas excepto:*
Las líneas forman figuras geométricas.
Una última teoría es que las líneas son una obra de extraterrestres.

Nazca: Ciudad de Perú, situada en el departamento de Ica, al sur de Lima. Constituyó el centro de la cultura precolombina Nazca, que se desarrolló entre los s. III y X. Las líneas de las que habla el texto se encuentran en la Pampa de Nazca.
Paracas: Península en la costa sur de Perú, en el departamento de Ica. En ella y en los valles de Nazca e Ica se desarrolló una importante cultura, con el mismo nombre, entre los años 1200 a. C. y 100 de nuestra era. En este lugar se han descubierto más de 400 enterramientos con momias.
Ayacucho: Departamento de Perú, en el sector central del país, entre el río Apurímac y el sur de la cordillera occidental de los Andes.

Foto de la derecha: Líneas de Nazca vistas desde el aire.

9

8 Para leer

Propuesta de trabajo: Los alumnos leen la introducción al texto y responden a las preguntas. Después leen el texto y hablan con un compañero sobre lo que han entendido. A continuación leen otra vez el texto y contestan las preguntas que aparecen más abajo. Deje que comparen las soluciones entre sí. En el caso de haber dado respuestas diferentes, proponga a sus alumnos que muestren qué partes del texto consideran que apoyan sus respuestas.

Otra propuesta: Como seguramente alguien de su curso ha estado ya en México o se interesa por esta temática, pida a los alumnos en la clase anterior, que traigan fotos, prospectos, etc. que sirvan como introducción al texto.

Fotos: Ruinas mayas en México.

9 ¿Y tú?

Propuesta de trabajo: En el pleno de la clase, los alumnos discuten sobre este fenómeno.

Anexo de ejercicios: números 8 y 9

Y además

9 RTA Informática. Dígame

1 Para escuchar

 Propuesta de trabajo: Los alumnos escuchan una vez los diálogos con los libros cerrados y sin preparación previa. A continuación dicen lo que han entendido y dónde tienen lugar los diálogos. Antes de pasar a una segunda audición leen las intrucciones y tras la audición contestan las preguntas. Por último, comparan sus respuestas.

Transcripción: Los diálogos son los del ejercicio 2.

Solución: *1. Ángel Gómez, con Jorge Sala; 2. Con el servicio de atención al cliente, por un problema con su ordenador; 3. el Sr. Olmedo, esta tarde, a partir de las seis*

2 Dígame

 Objetivos: Fórmulas para conversaciones telefónicas en la profesión.
Propuesta de trabajo: Los alumnos escuchan los diálogos de nuevo, los leen y, en parejas, buscan las expresiones para realizar las diferentes intenciones comunicativas. Deje que comprueben las soluciones entre ellos.

3 Para practicar

Propuesta de trabajo: En parejas, los alumnos practican las conversaciones telefónicas sin el libro. Para ello, déjeles un poco de tiempo de preparación. Finalmente, los alumnos practican los diálogos una vez más, cambiando de compañero y de rol. Para hacer más auténtica la situación, los alumnos, sentados, se colocarán de espaldas.

9

Dime con quién andas ...

Tema: Amistades y relaciones personales.

Objetivos: Narrar sucesos del pasado y ordenarlos temporalmente; argumentar a favor y en contra de algo; expresar agrado y desagrado.

Recursos: *Cuando llegaron los padres todavía no habían limpiado el piso;* marcadores temporales: *una vez/un día (que)/al día siguiente/al cabo de, etc.; tienes razón/(no) estoy de acuerdo/en parte sí, pero ..., etc.; Me encanta que/ me hace ilusión que/ me molesta que/ no soporto que, etc.*

Gramática: Formas y uso del pretérito pluscuamperfecto de indicativo; la correspondencia del verbo "werden" en español; el uso del subjuntivo después de expresiones de sentimiento.

Y además: Carta de presentación y currículum vitae.

1 Para empezar

Objetivos: Introducción al vocabulario sobre el tema "hacer amistades".

Propuesta de trabajo: Pida a los alumnos que tapen el texto, de forma que sólo se pueda leer el título y las 4 frases de la tarea. Explique el vocabulario que no conozcan, y a continuación, sin leer el texto todavía, dicen si las frases son verdaderas o falsas en su opinión. Después leen el texto y comprueban sus respuestas. En este ejercicio se trabaja la estrategia lectora de tipo selectivo, por tanto, no es necesario que entiendan el texto palabra por palabra y por eso es conveniente que dé un límite de tiempo de más o menos 4 ó 5 minutos.
Solución: *a. f / b. v / c. f / d. f*

 CNR: Revista mensual española en la que se tratan temas de actualidad en general.

Anexo de ejercicios: número 1

2 ¿Y tú?

Propuesta de trabajo: En parejas, los alumnos piensan en otras posibilidades para conocer a otras personas y a continuación, presentan sus propuestas al pleno de la clase. Quizá sea conveniente que usted avise que el texto es un ejemplo de lengua escrita, y que en la lengua oral se usan frases y expresiones más sencillas.

3 ¡Qué casualidad!

Objetivos: Narrar sucesos del pasado y ordenarlos temporalmente.

Gramática: El pretérito pluscuamperfecto de indicativo.

Propuesta de trabajo: Trabaje con el diálogo según una de las propuestas de la lección 1, diálogo 2. Una vez que los alumnos hayan leído el texto con los papeles repartidos, completan las frases usando las formas del pluscuamperfecto que faltan. Como la conjugación del verbo *haber* es conocida, no será necesario explicar antes las formas del pluscuamperfecto. Con este ejercicio los alumnos descubrirán por sí mismos las formas y también el uso de esta nueva forma verbal. (¡Ojo! En algunas regiones de Alemania se usa en la lengua coloquial el pluscuamperfecto en lugar del pretérito perfecto, para expresar el pasado: "Gestern war ich im Kino gewesen.")

4 Para practicar

Propuesta de trabajo: Los alumnos leen la tarea y se explican las palabras que no conozcan. Después, con ayuda del dibujo, dicen qué cosas habían hecho ya y cuáles todavía no. Para que todos los alumnos puedan practicar y aprender, primero hacen el ejercicio individualmente y después presentan las frases en el pleno de la clase.

Propuesta adicional: Para practicar las formas del pluscuamperfecto fotocopie y amplíe el tablero de juego de la página 96 (necesita un tablero por cada 3 ó 4 jugadores). Cada grupo recibe un tablero, un dado y fichas (o trocitos de papel, o monedas) por componente. Los jugadores tiran los dados, ponen sus figuras en la casilla correspondiente y completan una frase que se haya establecido antes, por ej. *Cuando se enamoró de X/Y (ya/todavía no)* ... , con el verbo dado en pluscuamperfecto. Gana el que primero llegue a la meta.

Anexo de ejercicios: números 2, 3 y 4

10

5 Para practicar

Objetivos: Ordenar un narración temporalmente.

Propuesta de trabajo: Cada pareja elige una de las fotos e inventa, por escrito, una historia. Anime a los alumnos a usar los marcadores temporales y/o el pluscuamperfecto para ordenarla. Después, sin decir de que foto se trata, dan su texto a otra pareja para que adivine.

Otra propuesta: Toda clase inventa una historia de una de las fotos, pero la condición es que todos los marcadores temporales tienen que ser usados en el orden en que figuran en el libro.

Anexo de ejercicios: número 5

6 ¿Y tú?

Propuesta de trabajo: Después de haber inventado un cuento en el ejercicio anterior, los alumnos tienen ahora la oportunidad de describir sus experiencias. Esta actividad se hace en el pleno de la clase y no es necesario que cada persona cuente algo.

7 Para leer

Propuesta de trabajo: Escriba el título del artículo en la pizarra, tradúzcalo (*Ledig, weil wir es wollen*), pida a los alumnos que especulen sobre el tema del texto y escriba todas sus ideas en la pizarra. Después los alumnos leen el texto y lo comparan con las ideas escritas en la pizarra. Como tarea final los alumnos resumen el contenido del artículo. Es importante hacerles ver que muchas veces se puede interpretar el contenido de los artículos de periódico, o de textos en general, de una forma global partiendo de las frases más importantes de los textos y por eso no es necesario entender todas las palabras.

8 Para escuchar

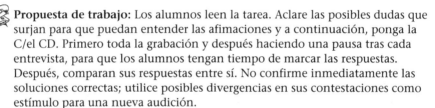

Propuesta de trabajo: Los alumnos leen la tarea. Aclare las posibles dudas que surjan para que puedan entender las afimaciones y a continuación, ponga la C/el CD. Primero toda la grabación y después haciendo una pausa tras cada entrevista, para que los alumnos tengan tiempo de marcar las respuestas. Después, comparan sus respuestas entre sí. No confirme inmediatamente las soluciones correctas; utilice posibles divergencias en sus contestaciones como estímulo para una nueva audición.

10

Transcripción:

- ● *Y tú Paloma, ¿por qué estás soltera?*
- ◆ *Bueno, yo estoy soltera porque quiero. En realidad vivir sola, lo que se dice vivir sola, no vivo. Enfrente vive un amigo y mi madre dos pisos más arriba. Y es que yo pienso que identificar soltería con soledad es un error, nadie te garantiza que estando casada, no vayas a estar sola.*
- ● *¿Y ... qué ventajas tiene tu situación?*
- ◆ *Bueno, tienes una mayor libertad de acción, flexibilidad para decidir en cada momento. Y claro, también tienes un mayor poder económico.*
- ● *¿Y qué desventajas? Me imagino que la soltería también tiene sus inconvenientes, ¿no?*
- ◆ *Sí claro, no todo son ventajas. Una de las peores cosas es estar sola y ponerse enferma. También los problemas, que te toca solucionarlos a ti sola. No puedes compartir las responsabilidades.*
- ● *Y en cuanto a las manías. ¿Qué tipo de manías crees que se desarrollan viviendo sola?*
- ◆ *Pues sobre todo te vuelves una maniática del orden, y te vuelves más egoísta. No estás acostumbrada a compartir las cosas.*

- Y tú Ángel, tú también vives solo, ¿verdad?
◆ No exactamente. Mis padres viven en el mismo edificio.
- Ah, sí. Y ... ¿por qué estas soltero?
◆ Bueno, estoy soltero porque no he encontrado la pareja ideal, bueno es que yo soy muy selectivo.
- ¿Preferirías estar casado?
◆ Pues ... por una parte sí y por otra no.
- ¿Qué ventajas tiene estar soltero?
◆ Pues ... principalmente la libertad, la flexibilidad para tomar decisiones. Estando soltero puedes hacer lo que te dé la gana, no tienes que preguntarle a nadie. No dependes de nadie para hacer viajes, por ejemplo, y además económicamente marchas mejor.
- Ah ya ... ¿Y qué inconvenientes tiene?
◆ Bueno, el principal inconveniente es la soledad. El pensar que algún día me pueda encontrar solo, y claro también que tienes que hacer la comida, la limpieza, claro, todas las tareas de la casa.
- Ya, ya entiendo. Y en cuanto a las manías, ¿tienes muchas?
◆ Sí claro, por ejemplo no me gusta nada que me toquen mis cosas.

- Hola Conchita, tú también estás soltera, ¿verdad?
◆ Sí, así es. Bueno, en mi caso yo he tenido dos parejas estables durante mucho tiempo, pero nunca me he casado. Y bueno sí, ahora vivo sola.
- ¿Y por qué no te has casado?
◆ Pues ... porque pienso que las relaciones sin contrato son más auténticas. Si se quiere a alguien, no es imprescindible casarse. No creo que casarse dé más seguridad a la pareja.
- ¿Qué ventajas tiene para ti estar soltera o vivir sola?
◆ Bueno, pues al igual que mis compañeros, pienso que la principal ventaja es la libertad para tomar decisiones. Eres más independiente. Nadie toma decisiones sobre tu trabajo; encuentras más autenticidad en las relaciones ... Claro, también hay inconvenientes, no todo es perfecto.
- ¿Por ejemplo?
◆ No puedes compartir las tareas domésticas, no tienes tanta estabilidad en la compañía ... Y además, tenemos más manías, pienso yo.
- ¿Qué tipo de manías?
◆ Pues por ejemplo, en cuanto a la limpieza y el desorden. Yo no soporto que alguien arregle mis cosas. Me gusta tener mi propio caos.

Solución: *Paloma: 3, 6, 8, 9, 11 / Conchita: 1, 2, 10 / Ángel: 2, 4, 5, 7*

10

9 ¿Y tú?

Objetivos: Argumentar a favor o en contra de algo.
Propuesta de trabajo: En parejas, los alumnos hablan y argumentan su opinión. Invíteles a construir una cadena de argumentos lo más larga posible, aunque se esté totalmente de acuerdo con la opinión de la otra persona. Estaría bien hacer una segunda vuelta con otra pareja.
Propuestas adicionales: 1) Los alumnos caminan por la clase y dicen sus opiniones a otra persona. Y ésta lo rebate o expresa su acuerdo. 2) Cada alumno escribe una opinión en su papelito y se lo pasa al compañero. Éste escribe una réplica debajo contradiciendo la opinión y vuelve a darle el papel al compañero, que escribirá otro argumento. Y así sucesivamente. Dependiendo de la creatividad de los alumnos, este proceso se puede repetir 4 ó 5 veces. Recuerde a los alumnos que en estos ejercicios lúdicos no es necesario decir la verdad.
Anexo de ejercicios: número 6

10 Para leer

Objetivos: Expresar desagrado.
Gramática: El uso del subjuntivo después de expresiones de sentimiento.
Propuesta de trabajo: Este texto de lectura presenta pocas dificultades. Por eso los alumnos pueden leerlo sin más preparación (quizá pueda explicar antes de la lectura el título).

Cosmopolitan: Revista mensual para mujeres en la que se tratan temas de interés general desde el punto de vista de la mujer.

11 ¿Y tú?

Objetivos: Expresar agrado y desagrado.
Propuesta de trabajo: Los alumnos leen las expresiones del recuadro y se aclaran el significado (tenga en cuenta que la expresión *me hace ilusión que,* es mejor traducirla por *es macht mir Freude, dass,* ya que en alemán sólo existe la palabra "Illusion" en el sentido de cosa no real, relativa a la fantasía). A continuación los alumnos hablan en parejas o en grupos de 3 ó 4 sobre sus gustos.
Anexo de ejercicios: números 7 y 8

Y además

1 Carta de presentación

Propuesta de trabajo: Aclare las expresiones que hay que incluir en la carta-modelo. Después los alumnos leen la carta y la completan. De esta forma se dirige su atención hacia las estructuras y los detalles de la carta-modelo.

Solución:
En este orden se rellenan los huecos: me dirijo a, mi solicitud, el perfil, les saludo atentamente

2 Para escuchar

Propuesta de trabajo: Primero los alumnos leen el currículum vitae. En este ejercicio se trabaja la comprensión auditiva de manera selectiva. Para facilitar la tarea hable sobre las palabras que se tendrán que poner en los huecos (por ejemplo *estudios* o *ciudad*). Anímeles a utilizar su conocimiento del mundo y su capacidad de selección. Después los alumnos escuchan la entrevista, la primera vez con los libros cerrados y después con los libros abiertos, leen el curriculum, lo escuchan y rellenan los huecos. Después comparan sus soluciones entre sí.

Transcripción:

● *Vamos a ver, usted hizo los estudios primarios en Valencia y el bachiller en Cádiz.*

◆ *Sí. En Valencia estudié en el Colegio Nacional Isaac Peral del 72 al 80 y un año después, en 1981, mi padre encontró un trabajo en una empresa de transporte Marítimo en Cádiz, y allí estudié en el Instituto Juan Ramón Jiménez hasta 1985. Después fui a la universidad de Cádiz donde estudié ingeniería naval entre 1986 y 1992.*

● *¿ Y por qué eligió esta profesión?*

◆ *Por mi madre y por mi padre. Por mi padre, porque siempre ha trabajado en empresas relacionadas con el mar, y por mi madre, porque le encanta viajar y el mar ... invita a aventuras.*

● *Ya, claro. También hizo un máster en Japón.*

◆ *Sí, estaba muy interesada en la forma de construir barcos en Japón y estudié allí un año. Eso fue en 1994.*

● *¿Y sabe japonés?*

◆ *No lo hablo perfectamente porque el máster fue en inglés y la lengua es muy difícil, pero había hecho unos cursos antes de ir y por eso tengo un nivel medio.*

● *¿Aprendió inglés aquí en España?*

◆ *Sí, y además un año antes de ir a Japón había hecho otro curso de especialización en Londres y unas prácticas en la Royal Ship como diseñadora. Por eso mi nivel de inglés es muy alto.*

● *¿Y sobre qué trató ese curso?*

◆ *Fue sobre los materiales de construcción de barcos.*

● *Y actualmente usted trabaja en NAVISUR en Málaga, ¿no?*

◆ *Sí, desde enero de 1996. Soy asistente del jefe del departamento de máquinas y motores.*

● *Bien. Me parece muy interesante. Le enviaremos una carta para comunicarle nuestra decisión. La dirección correcta es ésta, ¿verdad?*

◆ *Sí.*

● *Bueno, pues muchas gracias por su tiempo y hasta otra ocasión.*

◆ *Adiós.*

10

¡Que te mejores!

Tema: La salud, su prevención, medicina alternativa.

Objetivos: Hablar sobre costumbres; dar consejos; expresar dudas; expresar condiciones; expresar convicción o certeza.

Recursos: *¿Qué cosas sueles llevar contigo?; Si bebe demasiado, se sentirá mal; Si cambio de opinión, te llamo; Si cambias de opinión, llámame; Dudo que eso me ayude; Yo que tú /Yo en tu lugar, intentaría ...; Te recomiendo/aconsejo que hagas yoga; Es cierto que esta terapia ayuda; No es cierto que esta terapia ayude.*

Gramática: Perífrasis verbales (soler (o>ue)); frases condicionales reales (*si* + presente/futuro/presente/imperativo); el uso del subjuntivo después de *aunque*, después de verbos que expresan duda y de expresiones de la probabilidad; la correspondencia del verbo "müssen" en español; el uso de *ser* y *estar* (resumen).

Y además: Invitaciones formales por carta.

1 Para empezar

Objetivos: Introducción de vocabulario sobre el tema "prevención sanitaria".
Propuesta de trabajo: Con los libros cerrados, los alumnos reactivan el vocabulario del tema "salud" haciendo un mapa asociativo. Después, en parejas, miran los dibujos y eligen las cosas que llevarían en un botiquín de viaje.

2 ¿Y tú?

Gramática: Perífrasis verbales (soler, o > ue).
Propuesta de trabajo: En parejas, los alumnos hablan sobre las preguntas del ejercicio. Antes explique el significado y el uso del verbo *soler* y observe que los alumnos lo usen.
Anexo de ejercicios: número 1

3 Para leer

Gramática: *Aunque* + indicativo/subjuntivo; *si* + presente indicativo/futuro.
Propuesta de trabajo: Escriba el título del artículo en la pizarra y deje a los alumnos que lo comenten; de este modo, los alumnos pueden anticipar el contenido del texto y prepararse para su lectura. Escriba los comentarios de los alumnos en la pizarra y a continuación, leen el texto y completan la lista de la pizarra con la información del texto. Para solucionar esta tarea es necesario entender el texto lo más detalladamente posible, esto significa que hay que leer-

11

lo varias veces párrafo a párrafo. Finalmente, como preparación para el ejercicio siguiente, número 4, deje a los alumnos que busquen las frases con "si" en el texto.

4 Para practicar

Propuesta de trabajo: En parejas, los alumnos buscan ventajas para cada forma de viajar representada en el dibujo, usando las condicionales. A continuación dicen sus frases a la clase. Para alargar el ejercicio se pueden buscar también las desventajas.
Anexo de ejercicios: números 2 y 3

5 ¿Y tú?

Propuesta de trabajo: Los alumnos hablan en grupos de 3 ó 4 y responden a la pregunta del ejercicio. Si usted lo cree necesario, explique antes la diferencia de significado entre *cuando viajo* = *wenn ich reise* = temporal y *si viajo* = *wenn/falls ich reise* = condicional.

6 Es que tengo alergia al polen

Objetivos: Dar consejos; expresar dudas/desacuerdo; expresar condiciones.
Gramática: *Dudo que* + subjuntivo; *si* + presente, presente/imperativo
Propuesta de trabajo: Trabaje con el diálogo según una de las propuestas de la lección 1, diálogo 2. A continuación, cada alumno busca individualmente los consejos y dudas del texto, compara su lista con la de otros/-as compañeros/-as y la completa si lo considera necesario.

11

7 Para practicar

Propuesta de trabajo: Como complemento a la lista realizada en el ejercicio anterior, anime a los alumnos a recordar otras posibilidades para dar consejos (*recomendar/aconsejar* hasta ahora sólo lo han usado en infinitivo). Después hacen el ejercicio siguiendo las instrucciones. Haga que cambien varias veces de papel y de pareja.
Anexo de ejercicios: números 4, 5 y 6

8 ¿Y tú?

Propuesta de trabajo: Éste es un ejercicio lúdico en el que se trata de adivinar los problemas que los participantes inventan. Por eso los problemas no tiene que ser reales ni tampoco quedarse en el ámbito de la salud, sino que pueden ser de lo más variado de forma que el ejercicio resulte más divertido. Empiece usted primero a modo de ejemplo. Su problema es: *No tengo dinero para las vacaciones.* Entonces dice: *Tengo un problema.* Los alumnos aconsejan: *¿Por qué no haces* *deporte?/ Te recomiendo que hagas deporte.* Y usted reacciona: *No creo que me ayude demasiado.* etc. Después de algunos consejos, si no lo han adivinado, se dice de que problema se trata y pasa el turno a otra persona.

Otra propuesta: Cada alumno escribe un problema en un papelito, se recogen y se vuelven a repartir. Después, en grupos de 4 ó 5, hacen el ejercicio con el problema que aparece en el papelito.

 Para escuchar

 Propuesta de trabajo: Los alumnos leen la tarea y las afirmaciones. Explique el vocabulario que no conozcan y después póngales la C/el CD una vez con los libros cerrados y una segunda vez con los libros abiertos y haciendo una pausa después de cada opinión. De este modo tienen tiempo para leer cada frase y decidir si es verdadera o falsa. Sólo cuando hayan escuchado todas las opiniones, los alumnos comparan sus soluciones entre sí. Para comprobar, déjeles escuchar la grabación una vez más.

Transcripción:

1ª persona:
Yo estoy totalmente a favor de la medicina alternativa. La efectividad de los medicamentos basados en plantas está comprobada desde hace siglos. Es verdad que a veces se necesita más tiempo para ver los resultados ... pero cura no solamente los síntomas, sino también las causas ...

2ª persona:
En mi opinión es cierto que la medicina alternativa, solamente puede curar enfermedades ligeras. Las enfermedades graves hay que tratarlas con antibióticos o con operaciones. Claro, la acupuntura y la quiropraxia son otras cosas, están comprobadas científicamente. Pero ... yo dudo ... que puedan curar casos graves.

3ª persona:
Es cierto que la medicina alternativa no intoxica el cuerpo con sustancias químicas. Los medicamentos tradicionales tienen muchos efectos negativos y muchas veces crean nuevos problemas. Además, hay muchos ejemplos en los que los tratamientos tradicionales no han funcionado, pero la medicina alternativa sí.

4ª persona:
Yo estoy en contra. No está comprobado que la homeopatía funcione. ¿Cómo va a funcionar? Una sustancia tan diluida no puede tener ningún efecto. Juega con el "efecto placebo": Lo único que necesita el paciente es que alguien le escuche ...

5ª persona:
A mí lo que me gusta de la medicina alternativa es que ayuda a crear una nueva filosofía de vida. La medicina alternativa aporta una visión holística, es decir, mira al

paciente como persona con cuerpo y alma. El paciente aprende que su salud y bienestar tienen mucho que ver con su modo de vida. El paciente participa y se siente responsable del proceso curativo.

6ª persona:
La medicina alternativa es una moda, nada más. Muchas veces "cura" enfermedades que no existen. La gente quiere creer en milagros y los médicos alternativos se los dan En realidad, la mayoría de las "curaciones milagrosas", no son nada más que el resultado de diagnósticos falsos.

Solución: *a. v b. f c. v d. f e. v f. v*
Anexo de ejercicios: número 7

10 ¿Y tú?

Propuesta de trabajo: En una puesta en común, los alumnos comentan y discuten sobre el tema "la medicina alternativa".

11 Para leer

Propuesta de trabajo: Éste es un cuento completo de Mario Benedetti y en el aparece mucho vocabulario específico de la medicina, el cual no debe presentar mayores problemas ya que se trata de vocabulario internacional. Para que los alumnos puedan disfrutar más de la lectura, haga que lean la introducción, en la que se resume el contenido global del cuento, explique el título y haga un repaso de las partes del cuerpo (*el pecho, el riñón, el vientre, el rostro, la mano, la cabeza*). Pida entonces a los alumnos que lean el cuento pensando en la pregunta *¿Cómo curaba Augustín sus enfermedades?* De este modo se invita a los alumnos a hacer una lectura selectiva. Déjeles más o menos 5 minutos para leer el cuento y pídales que hablen con un compañero sobre la pregunta. Por último, hablan sobre la respuesta en el pleno de la clase.
Propuesta adicional: Si a sus alumnos les ha gustado el cuento, puede pedirles que lo resuman con sus propias palabras.
Solución: *Augustín curaba sus enfermedades nombrándolas.*

Mario Benedetti: (Paso de los Toros 1920), escritor uruguayo. Ha sido profesor de literatura en su país, donde colaboró en el semanario *Marcha*. En los años 60 sufrió exilio en diferentes países, residiendo en la actualidad, entre Madrid y Montevideo. Los temas de sus libros giran en torno a la realidad de su país, la mediocridad de la vida del empleado y las frustraciones del hombre contemporáneo. Ha cultivado la narrativa, la poesía, el ensayo, la crítica, el humorismo y la canción. Entre sus narraciones destacan *Montevideanas* (1959), *La Tregua* (1960), *La muerte y otras sorpresas* (1968) y *Primavera con una esquina rota* (1989).

12 ¿Y tú?

Propuesta de trabajo: En parejas contestan las preguntas contando sus experiencias.

A lo largo del libro han aparecido diferentes usos de los verbos *ser* y *estar*. En el anexo gramatical de esta lección se hace un resumen sobre su uso y en el anexo de ejercicios encontrará actividades para practicar.

Y además

Invitaciones

1 Para leer

Propuesta de trabajo: Los alumnos leen las cartas y responden a la pregunta. Después buscan las fórmulas según la tarea. El propósito de este ejercicio es que se haga consciente la diferencia de estilo de la lengua escrita dependiendo de la relación personal.

Anexo de ejercicios: números 8 y 9

11

¡Una pose, por favor!

Tema: Parques nacionales, medio ambiente y turismo.

Objetivos: Expresar finalidad; argumentar; expresar causas y efectos; expresar condiciones improbables o irreales.

Recursos: *Los parques se crean para proteger la naturaleza/para que el ciudadano disfrute de la naturaleza; El parque está en peligro porque hay mucho ruido/por la desaparición de algunas plantas/a causa del turismo/debido a la construcción de hoteles; Si estuviera allí, pediría permiso.*

Gramática: *para que* + subjuntivo; *porque, como, por* + substantivo, *a causa de*, etc.; las formas del imperfecto de subjuntivo de los verbos regulares e irregulares; frases condicionales irreales (*si* + imperfecto de subjuntivo, condicional); las preposiciones *por* y *para* (resumen).

Y además: Pedir información por carta para organizar el viaje de un grupo.

1 Para empezar

Objetivos: Expresiones idiomáticas con animales y plantas, para caracterizar a personas.

Propuesta de trabajo: Con ayuda de los dibujos los alumnos reconocen los nombres de los animales y plantas. Completan las expresiones idiomáticas, solos, y después comparan sus soluciones con las de otro compañero. A continuación se habla de las soluciones en el pleno de la clase.

Solución: *Ser lento como una tortuga. / Ser astuto como un zorro. / Tener vista de águila. / Tener un hambre de lobo. / Tener una memoria de elefante. / Ser más tonto que un burro. / Estar fuerte como un roble. / Estar fresco como una lechuga. / Ser inteligente como un lince. / Tener una sed de camello. / Estar loco como una cabra.*

2 ¿Y tú?

Propuesta de trabajo: Los alumnos hablan sobre las expresiones idiomáticas y añaden otras que conozcan en su lengua. Posiblemente surgirán diferentes versiones. Cuente con que los alumnos necesitaran ayuda con la traducción de algunas palabras.

3 Para leer

Objetivos: Información sociocultural sobre paisajes, flora y fauna en España.
Propuesta de trabajo: Antes de leer los textos haga un mapa asociativo (ver pág. 12 de esta guía) con el tema "España". Después pregunte si alguien conoce algún

parque nacional en España y si quiere contar algo sobre él. A continuación, los alumnos leen el texto (pídales que, por favor, ni busquen ni pregunten el vocabulario que no conocen, que esperen un momento). Escriba las categorías *animales, plantas, paisajes* en la pizarra y deje que busquen en el texto las palabras correspondientes a cada categoría, y las clasifique. Ahora, los alumnos pueden preguntar por las palabras desconocidas. Este procedimiento le permitirá mostrar una vez más, que es posible, con la ayuda de ciertas palabras clave, (aquí flora, fauna y paisaje) entender un texto globalmente. A continuación comparan la flora, fauna y paisajes del texto con los de su propio país.

 Picos de Europa: Macizo montañoso en el centro de la cordillera Cantábrica, norte de España, entre las comunidades autónomas de Cantabria, Asturias y Castilla y León.

Doñana (Coto de): Es uno de los humedales mayores de Europa. Está situado en la costa de la provincia de Huelva en la Comunidad Autónoma de Andalucía.

Cabañeros: Parque situado en Los Montes de Toledo, suave cadena montañosa en el suroeste de la provincia de Toledo, Comunidad Autónoma de Castilla-La Mancha.

España cuenta además con otros 8 parques naturales, todos ellos gestionados por los respectivos gobiernos autónomos. Estos son: Ordesa y Monte Perdido en el norte de la comunidad de Aragón, Aigüestortes en Cataluña, Tablas de Daimiel en la comunidad de Castilla-La Mancha, Garajonay en la Gomera, Caldera de Taburiente en La Palma, Las Cañadas del Teide en Tenerife y Timanfaya en Lanzarote.

12

Fotos: Las fotografías superior y del centro muestran una vista panorámica del desfiladero de los Beyos en los Picos de Europa y un paisaje de marisma en el Coto de Doñana, respectivamente. La fotografía inferior del parque de Cabañeros reproduce una choza típica de la zona, utilizada antiguamente por los pastores.

Anexo de ejercicios: número 1

4 Para escuchar

Propuesta de trabajo: Los alumnos leen las afirmaciones y aclaran el vocabulario que no conocen. La construcción *"para que + subjuntivo"* no debe ser tratada aquí como problema gramatical; es bastante con que los alumnos entiendan el significado de las frases. Después ponga la C/el CD varias veces y pida a los alumnos que marquen las afirmaciones que hayan oído. En esta tarea se trata de hacer una audición selectiva y le puede resultar más fácil a los alumnos si usted explica que por cada punto hay dos afirmaciones que se dicen y una que no. Después comparan sus respuestas entre sí. No confirme inmediatamente las soluciones correctas, utilice las posibles divergencias en sus respuestas para una nueva audición, en la cual sería conveniente hacer pausas después de cada punto tratado.

Transcripción:

- *Buenos días, Sra. Ruiz. ¡Bienvenida a nuestro programa!*
- ◆ *¡Buenos días!*
- *Usted es miembro de la asociación "Amigos del parque", que se creó hace 2 años, es decir, un año después de la creación del parque.*
- ◆ *Así es.*
- *Entre las actividades de su organización están el dar cursos de medioambiente e información sobre el parque. Díganos, ¿para qué se crean los parques naturales?*
- ◆ *Bueno, los parques naturales se crean para proteger los recursos naturales y para que el ciudadano pueda disfrutar de la naturaleza. Además, estos parques son normalmente una ayuda para el desarrollo socioeconómico de la zona.*
- *Es decir, que también se crean puestos de trabajo.*
- ◆ *Sí.*
- *Sra. Ruiz, ¿por qué no nos habla del parque? ¿Qué tipo de flora y fauna podemos encontrar?*
- ◆ *Bueno, como estamos ante un parque de tipo mediterráneo, tenemos alcornoques, encinas, pinos y una gran variedad de flores. En cuanto a la fauna encontramos linces, águilas y otros animales, como el jabalí y el zorro, que estaban en peligro de extinción a causa de la caza.*
- *Hablando de animales en peligro de extinción. Sra. Ruiz, su organización ha denunciado algunos problemas del parque, por ejemplo ha dicho que el parque está en peligro por la llegada masiva de los turistas. Díganos, ¿qué está pasando realmente?*
- ◆ *Sí, pues el principal problema es que se han empezado a construir algunos hoteles muy cerca del parque, y además, los responsables del parque no están controlando el número de turistas que entran y claro, esto está causando algunos problemas, como por ejemplo el ruido o la aparición de basuras.*
- *¿Y qué soluciones proponen ustedes?*
- ◆ *Pues, la solución más efectiva sería organizar visitas al parque en pequeños grupos, como ya se ha hecho en otros lugares, y además, dar información y concienciar a la gente de los beneficios de un espacio natural protegido.*
- *¿Y qué opina la gente de los pueblos de los alrededores? ¿Están de acuerdo con ustedes?*
- ◆ *Por supuesto que sí. Muchos de los vecinos viven del turismo y además son miembros de nuestra organización y por eso saben que si no se cuida el parque, ellos van a ser los principales perjudicados.*
- *Muy bien Sra. Ruiz. Seguramente que también nos puede dar algunas noticias positivas sobre el parque. Me imagino que también ha habido mejoras.*
- ◆ *Sí, claro, por supuesto. El parque también ha traído cosas positivas. Por ejemplo, han regresado algunas aves, los jabalíes y zorros vuelven a pasearse por el parque y se han recuperado los bosques de pinos. Además como he dicho antes, también se han creado puestos de trabajo en la zona.*
- *Sra Ruiz, muchas gracias por su presencia en nuestro programa. Y a ustedes queridos oyentes les deseamos un buen fin de semana, y recuerden, que el próximo viernes día 15, les esperamos de nuevo con el tema "Plantas de jardín".*

12

Solución: a. *para ayudar al desarrollo socioeconómico de la zona / para que el ciudadano disfrute de la naturaleza;* **b.** *a causa de la implantación de un turismo de masa / debido a la construcción de hoteles cerca del parque;* **c.** *organizar visitas al parque en pequeños grupos / concienciar a la gente de los beneficios del parque;* **d.** *se ha recuperado la población de zorros y jabalíes que estaban en peligro de extinción / se ha frenado la desaparición de los bosques.*

5 ¿Y tú?

Propuesta de trabajo: En un puesta en común cuentan los alumnos lo que saben sobre los parques nacionales.

6 Para practicar

Gramática: *para que* + subjuntivo.
Propuesta de trabajo: En parejas, los alumnos piensan en argumentos para los regalos de Juan. Después presentan sus resultados en el pleno de la clase. Si es necesario, indique la diferencia entre *para qué* y *para que*.
Anexo de ejercicios: número 2

7 ¿Y tú?

Propuesta de trabajo: Como ampliación del ejercicio anterior, ahora hablan sobre los regalos que pueden hacer a otras personas del grupo. (¡Atención! No presente la tarea como algo imaginario, *¿Qué le regalarías a ...?*, sino como algo real.).

8 Para practicar

Objetivos: Argumentar y expresar causas y efectos.
Gramática: *porque, por, a causa de, debido a.*
Propuesta de trabajo: En parejas. Este ejercicio es del tipo "vacío de información". El alumno A mira en la página 97 y el alumno B en la página 98. Ambos tienen la instrucción en su página correspondiente. En primer lugar, cada alumno lee para sí mismo las noticias con el fin de conocer las causas de lo expresado en los titulares. Después hablan entre ellos y se explican las diferentes noticias. Quizá sea conveniente llamarles la atención sobre el recuadro con los recursos. A lo largo del libro han aparecido las preposiciones *por* y *para*. En el anexo gramatical de esta lección se hace un resumen sobre su uso y en el anexo de ejercicios encontrará actividades para practicarlas.
Anexo de ejercicios: números 3 y 4

9 Para leer

Objetivos: Expresar condiciones hipotéticas o irreales.
Gramática: Formas del imperfecto de subjuntivo de los verbos regulares e irregulares, frases condicionales irreales (*si* + imperfecto de subjuntivo, condicional).
Propuesta de trabajo: Los alumnos leen la introducción del texto y después, en un mapa asociativo (ver pág. 12), escriben los problemas que puede causar el turismo de masas sobre los seres humanos. A continuación leen el texto y responden a las preguntas. En estas preguntas no se trata de saber qué es verdadero o falso, son preguntas para concienciar y sensibilizar a los alumnos sobre el "ecoturismo". Después comparan sus respuestas con las del compañero. Al final de la discusión sobre el tema, dirija la atención de los alumnos hacia la gramática: déjeles buscar las partes con el condicional y el imperfecto de subjuntivo y descubrir por sí mismos la regla de uso. Esta tarea no es muy complicada gracias a la frase que sirve de ejemplo.

10 Para practicar

Propuesta de trabajo: Los alumnos forman frases según el ejemplo dado, tomando una parte de la columna de la izquierda y otra de la derecha.
Anexo de ejercicios: números 5, 6, 7, 8 y 9

11 ¿Y tú?

Propuesta de trabajo: Los alumnos forman una cadena con frases como la del modelo. Es conveniente hacer este ejercicio en grupos de 6 a 8 personas y con una pelota (ver pág. 13).

12

12 Para leer

Propuesta de trabajo: Este texto retoma el tema "viajar a países exóticos", ampliándolo. Los alumnos leen primero el texto haciendo una lectura global; déles, por tanto, sólo 3 ó 4 minutos de tiempo para leerlo. Después hablan con un compañero sobre de qué trata el texto y lo leen de nuevo. A continuación, vuelven a comentar el texto con el compañero, pero esta vez más en detalle. Finalmente responden en clase a las preguntas y cuentan sus propias experiencias.
En la última frase del texto aparece el condicional perfecto; pero esta forma no debe ser tratada aquí, ya que se explica en la lección siguiente.

13 ¿Y tú?

Propuesta de trabajo: En este ejercicio los alumnos tienen que pensar sobre atracciones turísticas que su propio país ofrece, pero deben hacerlo desde la perspectiva de un turista extranjero y de forma escrita. Pueden hacer este ejercicio o bien como tarea para casa, o bien en clase junto con un compañero. Como explotación, los alumnos pueden cambiar sus textos entre ellos y leerlos. Si el aula ofrece la posibilidad, cuelgue los artículos en las paredes para que todos puedan leerlos.

Anexo de ejercicios: número 10

Y además

Me pongo en contacto con ustedes ...

1 Para leer

Propuesta de trabajo: Esta carta es un ejemplo de cómo se pide información para poder organizar el viaje de un grupo. Los alumnos leen los párrafos sueltos de la carta y los ordenan. Para ello tienen que hacer una lectura detallada.

Solución: *Me pongo ... / Me imagino ... / En cuanto ... / Finalmente ... / Agradeciéndoles ...*

12

Tiempo libre

Tema: Actividades de tiempo libre y aficiones.

Objetivos: Hablar sobre actividades de tiempo libre y aficiones; expresar deseos no realizados; hablar sobre deseos y preferencias; repetir lo que han dicho otras personas.

Recursos: *Antes de que se me olvide, ...; A mí me habría gustado aprender ...; Llevo 10 años estudiando/sin esquiar; Me gustaría que el curso fuera de esquí de fondo; Raquel ha dicho que han cambiado el lugar de la cita.*

Gramática: *hasta que/antes de que/así que* + subjuntivo; el condicional perfecto; *llevar* + expresión de tiempo + gerundio / *llevar* + expresión de tiempo + *sin* infinitivo; la correlación temporal en las frases subordinadas con subjuntivo (*me gustaría que* + imperfecto de subjuntivo); el estilo indirecto (1).

Y además: Llamadas de teléfono en Latinoamérica.

1 Para empezar

Objetivos: Introducción de vocabulario del tema, actividades de tiempo libre y aficiones.

Propuesta de trabajo: Antes de empezar la unidad y con los libros todavía cerrados, haga que los alumnos trabajen el vocabulario del tema "Tiempo libre" confeccionando un mapa asociativo (ver pág. 12), o haciendo listas bajo diferentes títulos como por ejemplo, *por la noche/en el fin de semana/en las vacaciones*, o *en verano/en invierno*, o *en casa/fuera de la casa*, etc. Después los alumnos leen los anuncios. Para decidir qué curso quieren hacer, no es necesario que entiendan todo el vocabulario; hay palabras clave en los textos que les ayudan a entender el contenido de los cursos. Bastará con que hagan una lectura selectiva. En el pleno dan a conocer su elección y la argumentan.

2 ¿Y tú?

Propuesta trabajo: En grupos de 3 ó 4 hablan de los cursos que han hecho o que están haciendo. Para ello pueden responder a las preguntas que se hacen en el ejercicio.

13

3 Venga, ¿nos apuntamos?

 Objetivos: Hacer propuestas y reaccionar; expresar deseos no realizados; persuadir a alguien para hacer algo.
Gramática: *antes de que/hasta que* + subjuntivo; el condicional perfecto.
Propuesta de trabajo: Trabaje el diálogo según una de las propuestas de la lección 1, diálogo 2.
Anexo de ejercicios: números 1, 2 y 3

4 ¿Y tú?

Gramática: El condicional perfecto.
Propuesta de trabajo: Con ayuda de la frase modelo del diálogo *¿No dices siempre que te habría gustado aprender a esquiar?* explique esta nueva forma verbal. Después los alumnos hacen el ejercicio según la instrucción.
Propuesta adicional: Para practicar las formas puede utilizar el tablero de juego en la página 96. Vea las instrucciones en la página 36, de esta guía.
Anexo de ejercicios: número 4

5 Para practicar

Gramática: *llevar* + expresión de tiempo + gerundio/sin + infinitivo.
Propuesta de trabajo: Los alumnos hacen el ejercicio según la instrucción del libro.

6 ¿Y tú?

Propuesta de trabajo: En grupos de 3 ó 4, los alumnos hacen el ejercicio según la instrucción.

7 Para practicar

Objetivos: Hablar sobre deseos y preferencias.
Gramática: *Me gustaría que* + imperfecto de subjuntivo.
Propuesta de trabajo: Los alumnos forman grupos y hablan sobre las condiciones que debería cumplir el curso de español. Se ponen de acuerdo sobre los requisitos y escriben cómo tendría que ser. Pídales que formulen las frases en la primera persona del plural.
Anexo de ejercicios: número 5

8 ¿Y tú?

Propuesta de trabajo: Déjeles tiempo a los alumnos para pensar en la descripción de una cosa o de una actividad que les gustaría hacer o tener. Si quieren, pueden tomar notas sobre ello. Si lo cree necesario, haga usted un ejemplo para mostrar el funcionamiento de este juego.

9 Para escuchar

Propuesta de trabajo: Déjeles escuchar a los alumnos la C/el CD, primero con los libros cerrados y sin preparación. Después dicen qué han entendido y dónde tienen lugar las conversaciones. A continuación leen la nota de Sonia, escuchan de nuevo, una o más veces, los mensajes y subrayan las diferencias que encuentren entre la nota y los mensajes (es decir, los cambios entre estilo directo e indirecto). Para comprobar las diferencias pasan a la página siguiente, donde están las transcripciones de los mensajes, y comprueban sus soluciones. Finalmente, buscan las palabras que forman parte de la lengua oral y que no se recogen en la forma escrita (como p.ej. *mira, oye, etc.*).

10 Para practicar

Propuesta de trabajo: Los alumnos cambian las frases al estilo directo o indirecto respectivamente. Después comparan sus respuestas entre ellos.
Anexo de ejercicios: números 6, 7, 8 y 9

11 ¿Y tú?

Propuesta de trabajo: Los alumnos hacen el ejercicio según se propone en la instrucción. El ejercicio resulta más efectivo y divertido si los alumnos se levantan después de haber recibido la nota de su compañero/-a, se dirigen a la persona en cuestión y le transmite el mensaje.

13

12 Para leer

Propuesta de trabajo: Como introducción al tema del texto, recoja las impresiones y asociaciones que los alumnos hacen en referencia al tema "Flamenco". Quizá haya en el grupo algún aficionado, alguien que baile flamenco, o que quiera contar sus vivencias relacionadas con el tema (ponga como música de fondo alguna C o CD de flamenco). Después los alumnos leen el texto teniendo presentes las dos preguntas que figuran en la instrucción. Déjeles poco tiempo para leer el texto, 3 ó 4 minutos, ya que se trata de hacer una lectura de tipo selectivo. Después responden a las preguntas y comparan sus soluciones entre ellos.

13 ¿Y tú?

Propuesta de trabajo: En una puesta en común responden a las preguntas y hablan sobre bailar y los bailes.
Anexo de ejercicios: número 10

Y además

Al teléfono en Latinoamérica

1 Para escuchar

 Propuesta de trabajo: Los alumnos escuchan la C/el CD con los libros cerrados, y después, nuevamente, leyendo los diálogos al mismo tiempo. A continuación escuchan otra vez la grabación haciendo una pausa tras cada llamada para que tengan tiempo de completar las diferentes frases (a cada raya le corresponde una palabra). Después los alumnos comparan sus soluciones entre sí. No confirme inmediatamente las soluciones y utilice posibles divergencias para hacer una nueva audición.

Transcripción (las soluciones están en negrita):
1. En México ...
● *Metalsa. Buenos días.*
◆ *Buenos días, ¿el Lic. Alejandro Maldonado?*
● ***De momento no se encuentra.*** *¿Gusta dejar algún recado?*
◆ *Sí, que le llamó Esteban Gómez de AASA.,* ***que si se puede comunicar conmigo,*** *por favor.*
● *Cómo no, señor Gómez, yo le paso su recado.*
◆ *Muchas gracias, adiós.*
● *Adiós.*

2. En Perú ...
● ***Alló.*** *Vitroempaques.*
◆ *Buenas tardes, ¿me puede comunicar con el Sr. Dávila?*
● ***En este momento no se puede acercar.*** *¿Quiere dejarle un recado?*
◆ *No, gracias, yo llamo más tarde.*
● *Adiós.*
◆ *Adiós.*

3. En Colombia ...
● *Hola.*
▲ *Buenas tardes. ¿Está la señora Campos?*
● *No, no se encuentra en el momento.* ***¿Quiere dejarle una razón?***
▲ *Sí, dígale que llamó Manuel Rivera.*
● *Muy bien señor Rivera. Adiós ...*
▲ *Adiós.*

13

4. En Chile ...
- *Oficina de Turismo. Mi nombre es Julia.*
- ▲ *¿Me podría comunicar con Luis Ávila?*
- *No se encuentra. ¿Quiere que le deje un recado?*
- ▲ *Sí, que llamó Marcelo Ríos.*
- *Muy bien.*
- ▲ *Hasta luego.*

2 Para practicar

Propuesta de trabajo: Una vez sensibilizados por el ejercicio anterior, los alumnos comentan las diferentes fórmulas que se usan al teléfono en los diferentes países hispanohablantes. Si usted es de otro país de Latinoamérica que no figura en el ejercicio, complete la lista con las formulas usadas en su país.

Solución: *México: 2, 5, 9; Perú: 7, 3, 8, 9; Colombia: 11, 5, 4; Chile: 10, 6, 5*

13

Buenos modales

Tema: Buenos y malos modales en el trato con otras personas.

Objetivos: Criticar el comportamiento de otras personas; decir a terceros lo dicho por otros; expresar sorpresa y asombro.

Recursos: *A mí me molesta que ..., Me pone nervioso/-a que ..., No soporto/aguanto que ...; Dijo que estaba molestando; Me decían que no abriera la puerta; Le llamó la atención/le sorprendió que alguien le preguntara ...*

Gramática: El estilo indirecto (2); la correlación temporal en las frases subordinadas con subjuntivo (*me molestó que* + imperfecto de subjuntivo).

Y además: Para ser diplomático en el mundo laboral.

1 Para empezar

Objetivos: Criticar el comportamiento de otras personas.
Propuesta de trabajo: En grupos de 3 ó 4. Los alumnos leen las 10 reglas de comportamiento, hablan sobre ellas y sobre lo que a ellos personalmente les molesta, y después, añaden otras reglas que crean importantes. En esta última parte de la tarea, indíqueles nuevamente, a modo de repaso, que este tipo de frases imperativas se pueden construir en infinitivo.

Fotos: La segunda foto de la derecha reproduce un cartel del aeropuerto de Caracas, en Venezuela. El resto de las fotos: "sin comentarios".

Anexo de ejercicios: número 1

2 ¡Vivís en la Edad de Piedra!

Propuesta de trabajo: Los alumnos miran los dibujos, leen los bocadillos que los acompañan y reconstruyen la historia. Después comparan sus soluciones con las de un/a compañero/-a y a continuación escuchan el diálogo del ejercicio 3 varias veces y comprueban sus soluciones (sin leer el texto correspondiente a la audición, que está en la página siguiente).
Solución: *primera fila: 6, 4; segunda fila: 5, 1; tercera fila: 2, 3*

3 No te he contado lo que nos pasó

Objetivos: Decir a terceros lo dicho por otros.
Gramática: El estilo indirecto.
Propuesta de trabajo: Los alumnos escuchan una vez más el diálogo y lo leen al

mismo tiempo en el libro. Después completan las frases buscando en el texto las frases correspondientes. Estas frases son el estilo indirecto de las que aparecen en el ejercicio 2 (en estilo directo) en los bocadillos. Finalmente pueden comparar sus soluciones con las frases de los bocadillos.

4 Para practicar

Propuesta de trabajo: Los alumnos pasan los diálogos al estilo indirecto y viceversa. Después comparan sus soluciones.
Anexo de ejercicios: números 2 y 3

5 ¿Y tú?

Propuesta de trabajo: En parejas. Los alumnos se cuentan alguna situación vivida, en la que tuvieron que sufrir el comportamiento poco educado de otras personas. Cuentan lo que ellos dijeron y lo que la otra persona les dijo.

6 Para practicar

Objetivos: Repetir órdenes dadas por otras personas.
Gramática: Estilo indirecto: el uso del imperfecto de subjuntivo con verbos que introducen órdenes y deseos.
Propuesta de trabajo: En parejas. En primer lugar los alumnos toman nota de las órdenes o peticiones que sus padres les hacían de niños y después construyen frases según el modelo.
Anexo de ejercicios: número 4

14

7 ¿Y tú?

Propuesta de trabajo: Los alumnos hacen una puesta en común en la que discuten los cambios habidos en la educación de los niños y jóvenes.
Anexo de ejercicios: número 5

8 Para escuchar

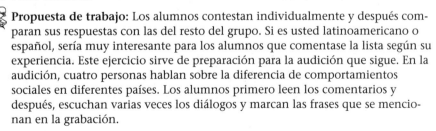

Propuesta de trabajo: Los alumnos contestan individualmente y después comparan sus respuestas con las del resto del grupo. Si es usted latinoamericano o español, sería muy interesante para los alumnos que comentase la lista según su experiencia. Este ejercicio sirve de preparación para la audición que sigue. En la audición, cuatro personas hablan sobre la diferencia de comportamientos sociales en diferentes países. Los alumnos primero leen los comentarios y después, escuchan varias veces los diálogos y marcan las frases que se mencionan en la grabación.

Transcripción:

Menchu ·
- *Pues a mí, al principio de llegar aquí, me llamó la atención que los alemanes esperaran a que el semáforo se pusiera verde. Tanto si venían coches como si no. Pero después me contaron que incluso a los peatones les ponen una multa, y claro, ahora yo también espero.*

Peter
- *¡Uy! Pues yo me acuerdo de la primera vez que me visitó un amigo español cuando todavía vivía en casa de mis padres. A la hora de tomar el café, en la mesa había croissants, galletas, pasteles ... Mi madre quería que estuviera todo perfecto. Entonces empezamos a comer y él, tan natural, coge una galleta y la moja en el café. Imaginaos la cara que puso mi madre.*

Óscar
- *Yo me acuerdo todavía del día que estaba con unos amigos en una terraza, en un bar en Sevilla, y una pareja extranjera nos preguntó si estaban libres dos sillas. Claro, nosotros creímos que se las llevarían a otra mesa y dijimos que sí. Y entonces van, ¡y se sientan!*

Menchu
- *No, ¿de verdad? ¡Qué bueno! ¿Y qué hiciste?*

14

Óscar
- *Pues en realidad, nada. Claro, te puedes imaginar la cara que pusimos. Pero la verdad es que estábamos tan sorprendidos, que nos quedamos sin palabras. ¡Vamos, con la boca abierta!*

Claudia
- *Peter, ¿te acuerdas de nuestro viaje a México? Cuando entramos en un bar a las tres y media de la tarde para tomar un café y un pastel, y toda la gente estaba comiendo. ¡Creímos que el reloj estaba estropeado!*

Peter
- *Sí, me acuerdo muy bien, que tú querías que hiciera una foto.*

Solución: *A Menchu le llamó la atención que la gente en Alemania no cruzara en un semáforo en rojo cuando no pasaban coches. / A la madre de Peter le molestó que el amigo español mojara la galleta en el café. / A Óscar le pareció raro que la pareja se sentara en su mesa. / A Claudia le sorprendió que la gente comiera a las tres y media de la tarde.*

9 Para practicar

Gramática: La correlación temporal en las frases subordinadas con subjuntivo.
Propuesta de trabajo: Los alumnos hacen el ejercicio según la instrucción.
Anexo de ejercicios: números 6 y 7

10 ¿Y tú?

Propuesta de trabajo: Los alumnos cuentan sus experiencias personales en relación con los comportamientos sociales observados en otros países.

11 Para leer

Propuesta de trabajo: Aquí tenemos otro texto de la autora mexicana Rosaura Barahona (ver Lección 3, ejercicio 11). Después de leer la introducción, los alumnos leen el texto y hablan de dos en dos sobre lo que han entendido. Leen de nuevo una vez más el texto y buscan las respuestas a las dos preguntas que se hacen. Después, comparan sus respuestas con un/-a compañero/a y, finalmente, comentan las soluciones en el pleno de la clase.

12 ¿Y tú?

Propuesta de trabajo: Los alumnos cuentan anécdotas que les han ocurrido por no conocer la lengua o las normas de comportamiento.

14

Y además

Diplomacia

1 Para practicar

Propuesta de trabajo: Los alumnos leen la instrucción y, en parejas, escriben las frases que dirían en las diferentes situaciones. Después leen las frases propuestas en el libro, las relacionan con las situaciones, y las comparan con las que ellos han escrito.
Anexo de ejercicios: número 8

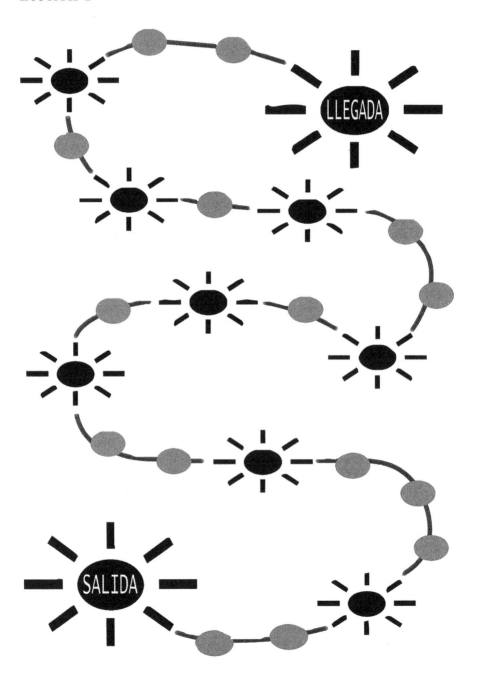

Traduce: Kann/Soll ich dir helfen?	Traduce: Ja, wenn es dir nichts ausmacht.
Recibes un regalo. ¿Qué dices?	Quieres fumar. Pide permiso.
Recibes a un/a amigo/-a. ¿Qué dices al saludarlo/la?	Eres el/la anfitrión/a de una fiesta. Ofrece algo para beber.
Traduce: Möchtest du den Salat probieren?	Traduce: Sag, was soll ich dir anbieten?
Pregunta si David está por aquí.	Ofrece otro trozo de tortilla.
Traduce: Welchen Wein möchtest du?	Traduce: Schau, Rosa hat eine Flasche Wein mitgebracht.
Pide un vino blanco.	No quieres comer más. ¿Qué dices?
Traduce: Willst du wirklich nicht? Komm schon, nimm!	Traduce: Ja, wenn es dir nichts ausmacht.
Di 3 frases diferentes para ofrecer algo.	Traduce: Stört es dich, wenn ich rauche?

Lección 4

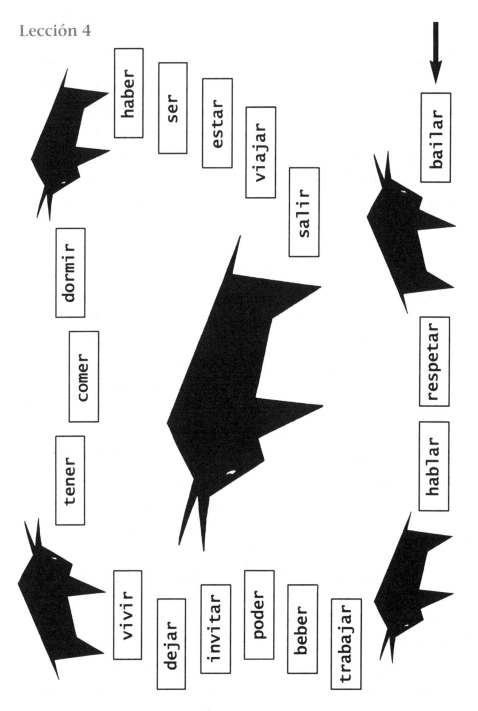

haber
ser
estar
viajar
salir
bailar
respetar
hablar
trabajar
beber
poder
invitar
dejar
vivir
tener
comer
dormir

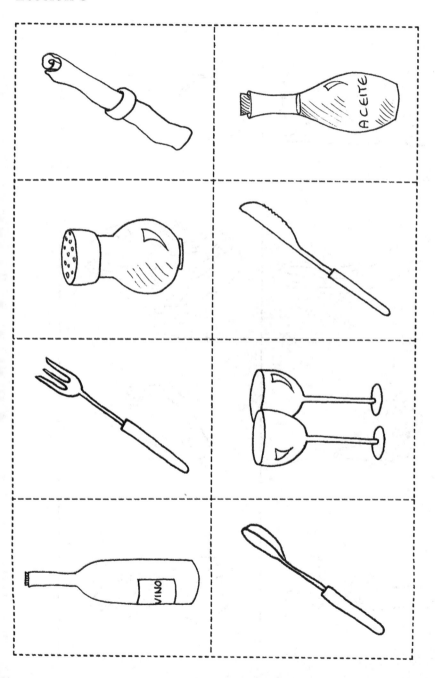

Lección 7

Pásame el diccionario.

¿Cuándo es el descanso?

Este libro es muy bueno.

¿Tienes un bolígrafo?

¿Qué hora es?

¿Cuándo has llegado?

¿Te apetece algo para beber?

¡Ten cuidado!

Hace un día estupendo.

¿Dónde has dejado el periódico?

Quiero comprar una revista.

¿Me dejas tu paraguas?

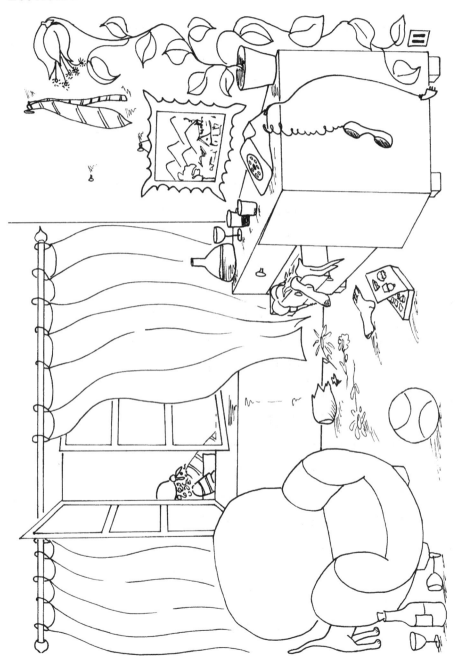